생태 돋보기로
다시 읽는
세계 속담

나리 선생님과 생태학 박사들의 즐거운 대화!
정보 제공 및 내용 감수에 참여한 국립생태원 연구원

김백준	포유류	김수환	어류
박영준	무척추동물류	박진영	곤충류
박희복	포유류	우동걸	포유류
유승화	조류	이창우	식물류
장민호	양서·파충류	진선덕	조류
천광일	식물류	한용구	곤충류

생태 돋보기로 다시 읽는 세계 속담

발행일 2018년 9월 5일 초판 1쇄 발행 / 2023년 6월 30일 초판 4쇄 발행

엮음 국립생태원
그림 홍선주, 김창희, 김현정, 김경수, 조시내
발행인 조도순
책임편집 유연봉 | **편집** 양경진 | **본문구성·진행** 아이핑크
디자인 파피루스 | **사진** 국립생태원(이창우, 임헌명, 진선덕, 한용구), Shutterstock
발행처 국립생태원 출판부 | **신고번호** 제458-2015-000002호(2015년 7월 17일)
주소 충남 서천군 마서면 금강로 1210 / www.nie.re.kr
문의 041-950-5999 / press@nie.re.kr

ⓒ 국립생태원 National Institute of Ecology, 2018
ISBN 979-11-88154-83-8 74400
　　　979-11-86197-38-7 (세트)

※ 이 책에 실린 모든 글과 그림을 저작권자의 허락 없이 무단으로 사용하거나 복사하여 배포하는 것은 저작권을 침해하는 것입니다.

⚠ **주의** 다칠 우려가 있습니다. 본 도서를 던지거나 떨어뜨리지 않도록 주의하십시오.
고온 다습한 장소나 직사광선이 닿는 장소에는 보관을 피해 주십시오.

생태 돋보기로 다시 읽는 세계 속담

국립생태원 엮음 | 홍선주 외 그림

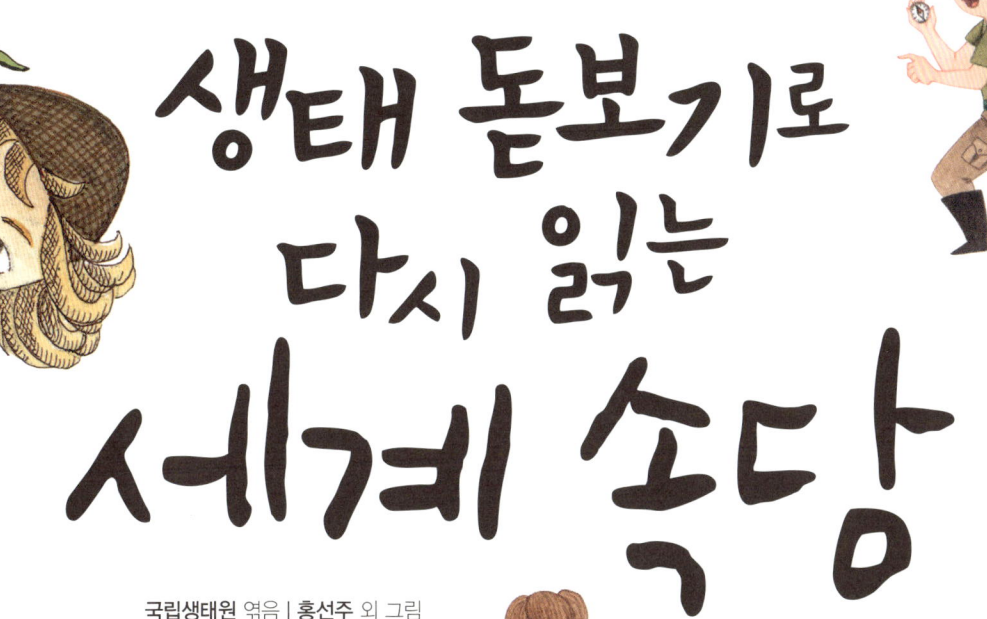

국립생태원 NIE PRESS

> 삶의 지혜와 감동이 가득한
> 나리 선생님의 이야기를 들어 보렴!

    어린이 친구들, 안녕? 나는 나리 선생님이라고 해. 선생님은 어릴 때부터 호기심이 아주 많았어. 그리고 집에서 조용히 지내는 것보다 밖으로 돌아다니면서 궁금한 것들은 직접 보고 느끼며 사람들을 만나는 일을 좋아했어. 그러다 보니 어른이 되어서도 우리나라 구석구석뿐 아니라 다른 나라로 여행을 다니기 시작했고, 이렇게 좋아하던 일이 직업이 되었단다. 선생님의 직업은 세계 곳곳을 자유롭게 여행하며 다양한 사람들을 만나 그곳의 이야기를 듣고, 기록하는 여행가야. 그런데 세계 곳곳을 돌아다니다 보니까 각 나라마다 전해 내려오는 속담에도 관심을 가지게 됐어. 신기한 건 서로 다른 나라와 그 문화에 따른 속담이긴 하지만 우리나라의 속담과 비슷한 뜻을 가지고 있는 것도 많다는 거야. 이미 슬기 선생님이 들려준 우리 속담 이야기를 읽은 친구들은 잘 알고 있겠지만, 세계 속담 속에도 많은 동물과 식물들이 등장한단다. 세계 속담 속에 등장하는 동물과 식물 이야기는 이 나리 선생님의 절친이자 생태학자인 푸름 박사가 아주 친절하게 설명해 줄 거야. 선생님은 세계 곳곳에서 전해 내려오는 이야기들이나 세계적으로 유명한 인물들의 일화를 어린이 친구들에게 들려주면서 세계 속담의 의미를 쉽게 이해할 수 있도록 도와줄게. 세계 전래 동화나 역사적으로 유명한 인물들의 이야기 속에서 삶의 지혜와 감동도 느껴 보렴.

즐거운 여행가
나리 선생님이

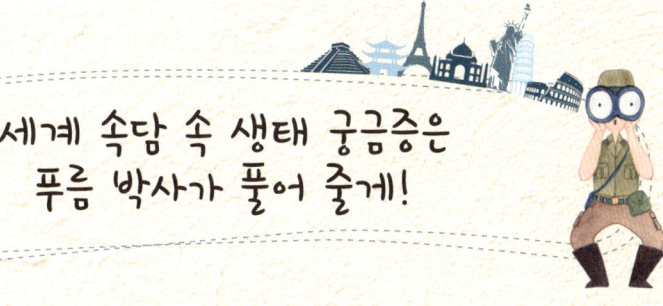

세계 속담 속 생태 궁금증은 푸름 박사가 풀어 줄게!

　나리 선생님이 먼저 소개한 나리 선생님의 절친이자 생태학자인 푸름 박사란다. 나리 선생님과 나는 어릴 때부터 친구였는데, 성격은 완전히 딴판이었어. 여기저기 돌아다니고 밖에서 많은 친구들을 만나며 노는 것을 좋아하던 나리 선생님과 달리, 나는 도서관이나 집에서 조용히 책 읽는 것을 좋아했거든. 특히 동물과 식물에 관한 책이라면, 앉은 자리에서 하루 종일 볼 정도였어. 내가 밖으로 나가는 걸 좋아할 때는 산과 강이 있는 자연 속에서 온갖 나무와 풀, 꽃, 곤충 등을 만날 때야. 길가에 핀 작은 꽃 하나, 땅 위를 기어가는 벌레 한 마리도 그냥 지나치지 않고 한참을 관찰하곤 했단다. 나리 선생님처럼 나도 이렇게 어릴 때부터 좋아하던 일을 직업으로 가지게 된 거야. 나리 선생님과 나는 성격은 딴판이지만, 서로 다른 성격 탓에 더 친해질 수 있었어. 혼자 연구하는 일이 많은 나에게 나리 선생님은 항상 세상의 이야기를 들려주고, 나는 호기심 많은 나리 선생님에게 흥미로운 생태 이야기를 들려주거든.

　이번에 나리 선생님이 소개하는 세계 속담들을 찬찬히 살펴보니, 나도 어린이 친구들에게 해 줄 이야기가 많을 것 같더라고. '앵무새처럼 반복한다'는 속담이 있는데, 사실 모든 앵무새가 말을 따라 할 수 있는 것은 아니야. '뱀 다리를 그린다'는 속담을 보면 생태학적으로 아주 근거가 없는 이야기가 아니야. 실제로 아주 먼 옛날에는 뱀도 다리가 있었을지 모른다는 연구 결과가 있었거든. 우리 함께 세계 속담 속에 숨은 더 많은 동식물 이야기 속으로 떠나 볼까?

국립생태원 연구원
푸름 박사가

차례

머리말 6

다시 읽는 세계 속담 01 | 낙타 등에서 평평한 곳을 찾지 마라 12
푸름 박사의 생태 이야기 | 등이 평평한 낙타는 건강하지 않다고? 16

다시 읽는 세계 속담 02 | 앵무새처럼 반복한다 18
푸름 박사의 생태 이야기 | 앵무새는 늘 같은 말만 반복할까? 20

다시 읽는 세계 속담 03 | 덜 익은 무화과가 다 익은 무화과와 맞닿으면 익기 시작한다 22
푸름 박사의 생태 이야기 | 무화과나무에는 꽃이 안 필까? 24

다시 읽는 세계 속담 04 | 늙은 말도 조랑말에게 배운다 26
푸름 박사의 생태 이야기 | 덩치는 작아도 조랑말은 힘이 세다고? 28

다시 읽는 세계 속담 05 | 닭이 꼬끼오 하고 울었다고 달걀을 낳는 것은 아니다 30
푸름 박사의 생태 이야기 | 닭은 왜 아침에 울까? 32

다시 읽는 세계 속담 06 | 연어를 잡기 위해서 피라미를 잃어야 한다 34
푸름 박사의 생태 이야기 | 연어가 옷을 갈아입는 이유는? 36

다시 읽는 세계 속담 07 | 꽃을 심을 뜻이 있어 꽃을 심었으나 꽃은 피지 않고,
무심코 버들가지를 꽂았더니 나무 그늘을 이루었다 38
푸름 박사의 생태 이야기 | 버드나무 가지를 땅에 꽂으면 나무가 될까? 42

다시 읽는 세계 속담 08 | 늙은 암소는 자신이 송아지였던 때를 생각하지 못한다 44
푸름 박사의 생태 이야기 | 고기소와 젖소가 다르다고? 46

다시 읽는 세계 속담 09 | 참새는 학과 함께 춤추어서는 안 된다 48
푸름 박사의 생태 이야기 | 학이 큰 날개를 펴고 춤추는 이유는? 50

다시 읽는 세계 속담 10 | 작은 새는 옥수수의 그루터기 위에 있어도 행복을 느낀다 52
푸름 박사의 생태 이야기 | 옥수수는 사람에게도 고마운 식물이라고? 54

다시 읽는 세계 속담 11 | 뱀 다리를 그린다 56
푸름 박사의 생태 이야기 | 뱀의 조상은 다리가 있었다고? 58

다시 읽는 세계 속담 12 | 게가 새끼에게 똑바로 걷기를 가르친다 60
푸름 박사의 생태 이야기 | 앞으로 걷는 게도 있을까? 62

다시 읽는 세계 속담 13 | 한 그루의 대나무도 마디마다 길이가 다르다 64
푸름 박사의 생태 이야기 | 대나무는 나무일까, 풀일까? 68

다시 읽는 세계 속담 14 | 노루 고기 한 조각에 고양이 두 마리의 가치가 있다 70
푸름 박사의 생태 이야기 | 노루는 그늘진 곳을 좋아한다고? 74

다시 읽는 세계 속담 15 | 어리석은 자는 독수리의 날개와 올빼미의 눈을 가졌다 76
푸름 박사의 생태 이야기 | 올빼미는 눈이 안 좋을까? 78

다시 읽는 세계 속담 16 | 개미가 모이면 나무를 뒤흔든다 80
푸름 박사의 생태 이야기 | 천하장사 개미가 있다고? 82

다시 읽는 세계 속담 17 | 오이는 푸른색일 때 먹어야 하고, 멜론은 노란색일 때 먹어야 한다 84
푸름 박사의 생태 이야기 | 오이 열매는 암꽃에서 나온다고? 86

다시 읽는 세계 속담 18 | 새끼 표범은 표범의 반점도 물려받는다 88
푸름 박사의 생태 이야기 | 몸에 반점이 없는 표범도 있을까? 90

다시 읽는 세계 속담 19 | 종달새 다리 하나가 통째로 구운 고양이 한 마리보다 낫다 92
푸름 박사의 생태 이야기 | 종달새는 점점 보기 드물어지는 동물이라고? 94

다시 읽는 세계 속담 20 | 자벌레는 몸을 펴기 위해 움츠린다 96
푸름 박사의 생태 이야기 | 자벌레가 몸을 움츠리는 이유는? 98

다시 읽는 세계 속담 21 | 훌륭한 나무 한 그루에 만 마리 새가 머무를 수 있다 **100**
푸름 박사의 생태 이야기 | 아프리카 사람들을 살리는 나무가 있다고? **102**

다시 읽는 세계 속담 22 | 원숭이는 거울로 자기 모습을 바라보면서 자신을 가젤이라고 상상한다 **104**
푸름 박사의 생태 이야기 | 가젤의 뿔은 하프를 닮았다고? **106**

다시 읽는 세계 속담 23 | 배부른 비둘기에게는 버찌도 쓰다 **108**
푸름 박사의 생태 이야기 | 도시의 비둘기가 살이 찌는 이유는? **110**

다시 읽는 세계 속담 24 | 거북의 등을 깨무는 파리, 그 주둥이가 부러진다 **112**
푸름 박사의 생태 이야기 | 벌처럼 주둥이가 긴 파리가 있다고? **116**

다시 읽는 세계 속담 25 | 지식을 쌓고 실행하지 않는 자는 밭 갈고 씨 뿌리지 않는 자와 같다 **118**
푸름 박사의 생태 이야기 | 씨를 뿌리지 않아도 식물이 번식할까? **120**

다시 읽는 세계 속담 26 | 스컹크를 잡으려고 생쥐를 보낸다 **122**
푸름 박사의 생태 이야기 | 스컹크도 종류마다 다른 모습이라고? **124**

다시 읽는 세계 속담 27 | 악어는 경계하기 위해 두 눈을 뜨고 잔다 **126**
푸름 박사의 생태 이야기 | 악어는 눈꺼풀이 두 개라고? **130**

다시 읽는 세계 속담 28 | 파샤의 말에 편자를 박으면 풍뎅이도 다리를 내민다 **132**
푸름 박사의 생태 이야기 | 풍뎅이는 식성이 다양하다고? **134**

다시 읽는 세계 속담 29 | 비옥한 땅이라 해도 가꾸지 않으면 잡초가 난다 **136**
푸름 박사의 생태 이야기 | 잡초를 이기는 식물이 있다고? **138**

다시 읽는 세계 속담 30 | 암퇘지는 장미보다 겨를 더 좋아한다 **140**
푸름 박사의 생태 이야기 | 돼지의 냄새 맡는 능력은 얼마나 뛰어날까? **144**

| 다시 읽는 세계 속담 31 | 전갈이 불에서 빠져나오도록 도와준 자를 문다 146
| 푸름 박사의 생태 이야기 | 전갈은 꼬리 끝에 무기를 달고 다닌다고? 148

| 다시 읽는 세계 속담 32 | 낙엽 한 잎 떨어지는 것을 보고 가을이 왔음을 안다 150
| 푸름 박사의 생태 이야기 | 가을이 되면 왜 낙엽이 생길까? 152

| 다시 읽는 세계 속담 33 | 이를 잡으려고 칼을 뽑아서는 안 된다 154
| 푸름 박사의 생태 이야기 | 이는 사는 곳에 따라 종류가 다르다고? 156

| 다시 읽는 세계 속담 34 | 포도를 길바닥에 심지 마라 158
| 푸름 박사의 생태 이야기 | 포도는 척박한 땅에서도 잘 자란다고? 160

| 다시 읽는 세계 속담 35 | 양털을 깎되 가죽까지 벗겨서는 안 된다 162
| 푸름 박사의 생태 이야기 | 양털을 깎는 것은 사람에게만 좋을까? 166

| 다시 읽는 세계 속담 36 | 진흙탕은 뱀장어를 질식시키지 않는다 168
| 푸름 박사의 생태 이야기 | 뱀장어는 진흙 속에서 겨울을 보낸다고? 170

| 다시 읽는 세계 속담 37 | 배는 익으면 떨어져야 한다 172
| 푸름 박사의 생태 이야기 | 다 익은 배는 떨어질 수밖에 없다고? 174

| 다시 읽는 세계 속담 38 | 해가 저문 뒤 반딧불이는 '우리가 세상에 빛을 줬지'라고 생각한다 176
| 푸름 박사의 생태 이야기 | 반딧불이는 알에서도 빛을 낸다고? 178

| 다시 읽는 세계 속담 39 | 달팽이가 점액을 흘려도 그 이유를 묻지 마라 180
| 푸름 박사의 생태 이야기 | 달팽이 점액은 치료 효과가 있을까? 182

| 다시 읽는 세계 속담 40 | 엉겅퀴를 뿌린 사람은 가시를 거둘 것이다 184
| 푸름 박사의 생태 이야기 | 엉겅퀴 가시는 얼마나 날카로울까? 188

찾아보기 190

다시 읽는 세계 속담 01 우즈베키스탄

낙타 등에서 평평한 곳을 찾지 마라

옛날 딸 셋을 둔 왕이 있었어. 첫째와 둘째는 아버지에게 겉으로만 잘하는 척했지만, 막내는 늘 진심으로 아버지를 대했어.

첫째와 둘째는 아버지에게 막내의 험담을 늘어놓았지.

"아버지, 막내는 아버지 재산만 노리고 있어요."

왕은 막내를 시험해 보기로 하고, 세 딸을 불러 놓고 물었지.

"딸들아, 나를 얼마나 사랑하는지 말해 보렴."

그러자 첫째 딸이 말했어.

"저는 드넓은 하늘만큼 아버지를 사랑해요."

왕은 흡족한 미소를 지었지. 이번에는 둘째 딸이 말했어.

"저는 제 목숨만큼 아버지를 사랑해요."

왕은 둘째의 대답에 기뻐서 어쩔 줄 몰랐지. 이번엔 막내가 말했어.

"저는 아버지를 빵과 소금만큼 사랑해요."

왕은 바로 얼굴을 찌푸렸어.

"겨우 빵과 소금만큼이라니! 넌 이 나라 공주 자격이 없어."

왕은 막내딸을 궁에서 쫓아냈어. 막내 공주가 숲을 헤매며 울고 있을 때 한 청년이 다가와 울고 있는 이유를 물었어. 공주는 청년에게 그간의 일을 털어놓았지. 청년은 공주가 아름답고도 지혜롭다고 여겼어.

"나는 이웃 나라의 왕자라오. 우리 왕궁에 머무는 게 어떻겠소?"

그렇게 공주는 왕자를 따라갔고, 왕자는 마음씨도 착하고 현명한 공주에게 반해 청혼을 했어. 공주도 왕자의 자상함에 반해 청혼을 받아들였지. 왕자는 이웃 나라 왕들에게 결혼식 초대장을 보냈어.

드디어 결혼식 날, 공주의 아버지도 첫째와 둘째 딸을 데리고 결혼식장에 왔어. 공주는 아버지와 언니들을 보니 가슴이 미어질 것 같았지. 드디어 왕자와 공주의 결혼식이 시작되었고, 공주의 아버지와 언니들은 신부가 막내 공주인 줄도 모른 채 그저 박수 치며 축하를 했어.

결혼식이 끝나고 손님들을 위한 잔치가 열렸어. 그런데 음식을 먹던 손님들 사이에서 볼멘소리가 나오기 시작했지. 공주의 아버지와 언니들도 툴툴댔어.

"음식 맛이 왜 이래? 싱거워서 먹을 수가 없군."
"잔칫상에 빵이 없다니 말도 안 돼요!"

그때 막내 공주가 아버지와 언니들이 있는 식탁으로 와 물었어.

"음식이 입맛에 안 맞으시나요?"

그러자 아버지가 퉁명스럽게 말했지.

"음식에는 소금 간도 안 되어 있고 빵도 하나 없구려."

그러자 막내 공주가 말했어.

"소금과 빵이 이토록 중요하거늘, 왜 저를 쫓아내셨나요?"

왕은 그제야 막내 공주를 알아보고 후회의 눈물을 흘렸단다.

평평한 곳이 없는 낙타의 등처럼 자신의 마음이 울퉁불퉁하여 딸들을 공평하게 사랑하는 넉넉함이 없었음을 깨달은 거야.

우리 주변에서 공평하지 못해서 생긴 일들을
인터넷, 텔레비전, 신문 등에서 찾아보자.

푸름 박사의 생태 이야기

등이 평평한 낙타는 건강하지 않다고?

낙타는 사막에서 살아가는 동물로 타고났네요.

낙타 등을 보면 울퉁불퉁한 혹이 나 있는 걸 알 수 있어. 소나 말, 염소 등 다른 동물들과 비교해 볼 때, 등에 혹이 난 게 이상해 보일 수 있어. 하지만, 낙타의 등에 난 혹은 그 낙타가 지극히 정상이라는 것을 알려 주는 거야. 만약 낙타의 등이 평평하다면 그게 오히려 비정상이라고 볼 수 있어. 그럼 낙타의 등에는 왜 혹이 나 있는 걸까?

낙타 하면 금방 사막을 떠올릴 거야. 사막은 일년 내내 거의 비가 내리지 않아 물이 부족하기 때문에 동식물이 살아가기엔 힘든 곳이야. 하지만 신기하게도 낙타는 이런 사막에서도 아주 잘 살아갈 수 있는 신체 구조를 지녔어. 길쭉하고 가느다란 다리와 두꺼운 발바닥 살은 뜨거운 모래 위를 걷기에 아주 적당해. 귀 안에 나 있는 긴 털과 코에 달린 덮개가 사막의 모래를 막아 주지. 뭐니 뭐니 해도 낙타가 사막에서 생존할 수 있는 최고의 무기는 바로 등에 난 혹이야. 이 혹에는 지방이 저장되어 있거든. 낙타가 먹이를 많이 먹어 영양분이 충분하면 이 혹에 지방을 저장해. 낙타는 이 혹 때문에 일주일 가까이 물을 마시지 않고, 몇 달 동안 먹지 않아도 버틸 수 있지. 낙타의 몸에 영양과 물이 부족해지면, 낙타 등의 혹 속에 있던 지방이 물과 영

▲ 낙타는 사막을 걷기에 알맞은 예민한 시각과 후각을 가지고 있어.

양분으로 바뀌어 낙타가 활동할 수 있도록 해 주거든.

만약에 낙타가 먹이를 잘 먹지 못하거나 영양분을 다 써 버린다면 낙타의 혹 크기는 작아져. 다시 먹이를 잔뜩 먹어 혹이 커지면 몰라도, 만약 낙타 등이 평평하거나 혹이 계속 작다면 건강하지 않다는 신호란다.

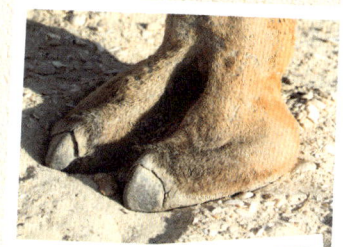

▲ 낙타의 튼튼한 발이야.
◀ 낙타 코의 덮개는 사막의 모래 먼지를 막아 줘.

자주 물을 마실 수 없는 사막에서 낙타는 한꺼번에 물을 100리터까지 마실 수 있답니다.

단봉낙타와 쌍봉낙타

낙타 등에 난 혹의 개수에 따라 단봉낙타와 쌍봉낙타로 나뉘어. 단봉낙타는 등에 혹이 한 개 있는 낙타로, 주로 아랍이나 북아프리카 등지에 살아. 쌍봉낙타는 말 그대로 등에 혹이 두 개 있는 낙타인데, 주로 중앙아시아나 몽골, 중국 북부에 살고 있어. 현재 쌍봉낙타는 사람들이 일부러 기르는 것 말고 야생은 멸종 위기에 처해 있다고 해.

낙타는 덩치가 크고 힘이 센 데다가 성질도 사나운 편이라서 사람에게 쉽게 길들여지지 않아. 또 성질이 사나워질 땐 침을 뱉거나 사람을 들이받기도 하지. 그래서 소나 양처럼 가축으로 많이 기르지는 않는단다.

▲ 단봉낙타(왼쪽)와 쌍봉낙타(오른쪽)의 모습이야.

앵무새처럼 반복한다

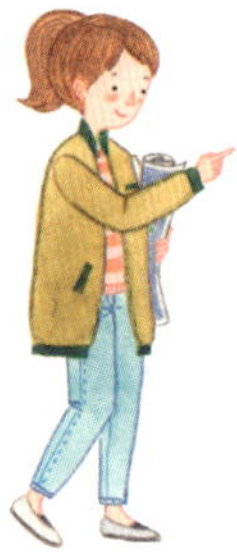

먼 옛날, 중국의 월나라에 '서시'라는 아름다운 여인이 있었어. 나무꾼의 딸이었는데, 어찌나 예쁜지 온 나라에 소문이 자자했지. 얼마나 예뻤냐면, 서시가 냇가로 빨래를 하러 갔는데 물속을 헤엄치던 물고기가 서시의 얼굴에 반해 헤엄칠 생각도 잊고는 쑥 가라앉아 버렸대.

월나라는 오나라와 싸움을 하던 중이었는데, 월나라의 '범려'라는 사람은 서시의 미모를 이용해서 오나라를 망하게 하려고 했어. 그래서 서시를 궁으로 데려왔는데, 서시의 얼굴을 보려고 모여든 사람들이 어찌나 많은지

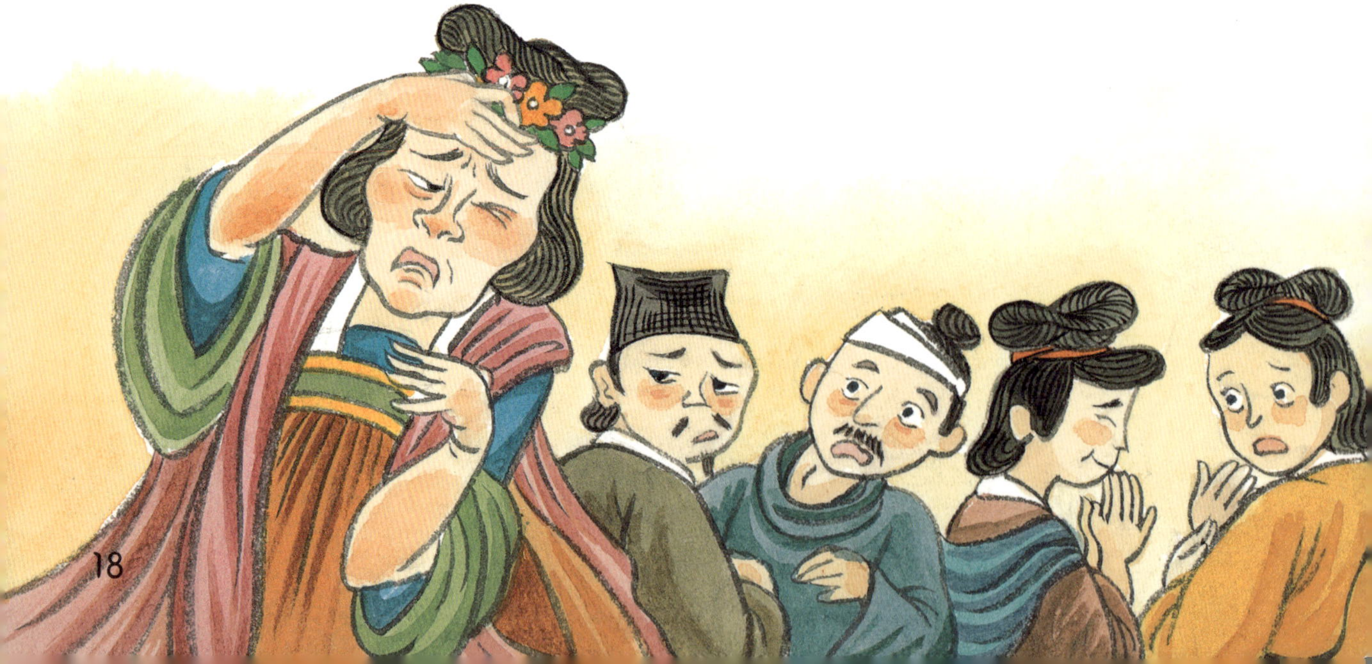

서시가 궁에 들어오는 데만 사흘이 걸렸대.
　서시에게는 평소에 가슴이 아픈 병이 있어서 얼굴을 찡그리고 있을 때가 많았어. 그런데 사람들에게는 그 모습조차도 예뻐 보였지. 한편 서시가 사는 마을에 얼굴이 못나기로 손꼽히는 여인이 있었어.
　"아, 나도 이렇게 찡그리면 서시처럼 예뻐 보일 거야."
　여인은 서시가 하는 것처럼 가슴에 손을 얹고 눈썹을 잔뜩 모으고는 찡그린 얼굴로 마을을 돌아다녔어. 이 모습을 본 마을의 한 부자 총각은 대문을 굳게 잠그고 나오지 않았대. 또 한 사람은 마을을 아예 떠났다는구나.
　"이 마을에서 살다가는 저 여인 같은 딸을 낳을지도 몰라."
　앵무새가 뜻도 모르고 사람의 말을 반복해서 따라 하듯 줏대 없이 남을 따라 하다 망신만 당할 수 있단다.

텔레비전에 나오는 연예인이나 다른 친구들의 모습이
멋져 보인다고 무작정 따라 해 본 적이 있니?
그럴 때 어떤 기분이 들었니?

19

푸름 박사의 생태 이야기

앵무새는 늘 같은 말만 반복할까?

▲ 왕관앵무새(왼쪽), 잉꼬(가운데), 회색앵무새(오른쪽)는 사람의 말을 곧잘 따라 하는 앵무새들이야.

영국의 아프리카 회색앵무새 '푸르들'은 800여 개의 단어를 익혀서 기네스북에 올랐다죠?

　동물원에서 사람의 말을 반복해서 따라 하는 알록달록한 앵무새를 한 번쯤은 본 적이 있을 거야. 빨강, 파랑, 초록 깃털도 화려한 앵무새는 앵무과에 속해 있는 수백 종의 새들을 통틀어 말해. 앵무새는 보통 남아메리카, 뉴질랜드, 아프리카 등 열대, 아열대 대륙의 모든 지역에서 무리를 지어 사는 새야. 앵무새는 사람의 말을 훈련시키면 잘 따라 하는 새로 유명하지만, 그것도 앵무새 종류마다 다른 데다 말을 따라 하지 못하는 종이 훨씬 많아. 사람의 말을 잘 따라 하는 앵무새 종류는 다른 새들과 달리 혀가 두껍고, 소리를 내는 발성 기관의 구조가 사람과 비슷하며 혀를 자유롭게 움직일 수 있어. 그래서 사람의 말소리뿐만 아니라 다른 새의 울음소리까지도 따라 할 수 있지. 대부분 사람의 말을 따라 하는 앵무새가 그 뜻을 알고 하는 것은 아니기 때문에, 정확하게 말하자면 말을 하는 것이 아니고 그냥 흉내를 내고 있다고 보면 돼. 그런데 동물 행동을 연구하는 학자들은 앵무새가 3~6세 정도 어린아이의 지능을 가지고 있다는 것을 알아내고는 앵무새에게 말을 할 수 있는 훈련을 했어. 그 결과 실제로 수백 개의 단어를 익히고 간단한 단어나 문장으로 생각을 표현하며 말을 할 줄 아는 앵무새가 나왔어. '알렉스'라는 이름의 아프리카 회색앵무새는 같은 크기의 물건을 보여 주고 가장 큰 것이 무엇이냐고 물으면 없다고 대답하고, 원하는 것과 다른 물건을 가져다 주면 그 물건을 던져 버리거나 새로 배운 단어를 혼잣말로 연습하기도 했다니, 정말 놀랍지?

▲ 앵무새에게 사람의 말을 훈련시키는 모습이야.

말을 하는 것뿐 아니라, 심지어 노래를 하거나 춤을 추는 앵무새도 있답니다.

침팬지는 왜 말을 못할까?

앵무새도 훈련을 받으면 사람의 말을 잘 따라 해. 그런데 사람과 비슷하게 생긴 포유동물이고, 지능이 높은 것으로 알려진 침팬지는 말을 할 수 없어. 사람도 아기 때는 발성 기관이 제대로 발달하지 않았기 때문에 말을 못하다가, 자라면서 발성 기관이 발달하면서 다양한 말을 할 수 있게 돼. 그런데 침팬지의 경우 발성 기관이 자라서도 그대로이기 때문에 아무리 훈련을 받는다고 해도 다양한 말소리를 낼 수가 없는 거야. 그래서 동물 행동학자들은 침팬지에게 수화를 가르쳤고, 실제로 침팬지가 수화로 수백 개의 단어를 배우거나 수화로 의사나 감정 표현, 그리고 거짓말까지도 한다는 걸 알게 되었단다.

◀ 무리를 지어 사는 침팬지는 지능이 발달했어.

다시 읽는 세계 속담 03 아라비아

덜 익은 무화과가 다 익은 무화과와 맞닿으면 익기 시작한다

프랑스의 영웅 나폴레옹은 '내 사전에 불가능이란 없다.'라는 유명한 말을 남긴 사람이야.

프랑스가 오스트리아와 전쟁을 치를 때였어. 어느 날 프랑스 군대가 오스트리아 군대에 포위되었다는 소식이 전해졌지. 나폴레옹은 군사를 이끌고 알프스를 넘어 오스트리아로 쳐들어가기로 했어. 하지만 알프스는 산세가 험하고 눈까지 덮여 있어 잘못했다가는 아까운 군사만 잃을 수 있는 상황이었어. 무모한 전술이라고 말리는 부하들도 많았지.

하지만 나폴레옹은 6만 명 넘는 군사를 이끌고 알프스를 올랐어. 험한 산세에 다치거나 목숨을 잃는 군사들도 많았지. 잠시 쉬어 가는데 나폴레옹이 북을 잡고 있는 한 소년을 보았어.

22

나폴레옹이 소년에게 물었지.

"자네는 험한 산을 지나 전쟁을 치르러 가는 게 무섭지 않나?"

그러자 소년이 북을 둥둥 울리며 말했어.

"이 북소리라면 하나도 무섭지 않아요. 오히려 힘이 솟는걸요."

소년의 북소리는 며칠 동안 이어진 험한 행군에 큰 위안이 되었지.

덜 익은 무화과가 다 익은 무화과와 맞닿으면 익기 시작한다는 속담처럼, 힘들어 지친 군사들은 소년의 힘찬 북소리에 기운을 북돋았단다.

나에게 좋은 영향을 준 사람이 있는지 한번 떠올려 보자.

푸름 박사의 생태 이야기

무화과나무에는 꽃이 안 필까?

무화과는 우리나라 남해안의 따뜻한 지방에서도 많이 자라지요?

무화과나무에서 열리는 무화과는 단맛이 아주 강한 열매야. '무화과'라는 이름을 살펴보면 '없을 무(無), 꽃 화(花), 열매 과(果)'로 '꽃이 없는 열매'라는 뜻이야. 그럼 무화과는 꽃을 피우지 않고 자라난 열매일까?

동그란 무화과를 잘라 보면 안에 작고 빨간 알갱이 같은 것들이 빽빽하게 차 있는데, 사실 우리가 먹는 이 부분에서 꽃이 피는 거야. 그리고 무화과의 껍질이 바로 무화과나무의 꽃받침이지. 무화과나무에서 꽃이 필 때 꽃받침과 꽃자루가 긴 주머니처럼 굵어지고 작은 꽃들이 그 안으로 들어가 버려. 주머니의 윗부분은 작은 구멍만 있는 정도라서 꽃가루가 바람에 날리거나, 꽃가루를 옮기는 나비가 들어가기는 어려워. 대신 '무화과좀벌'이라는 작은 곤충이 무화과 안에서 영양분을 먹으며 자라. 이때 수컷 무화과좀벌은 무화과 속에서 나오지 않지만, 자라난 암컷들은 무화과 밖으로 나와 다른 무화과 속에 있는 수컷 무화과좀벌

▲ 무화과나무는 뽕나무과에 속한 나무로 2~3미터 정도로 자라고, 열매는 가을에 붉게 익는단다.

◀ 무화과는 사람들이 즐겨 먹기도 하고, 약재로도 많이 쓰여.

들과 짝짓기를 한단다. 이때 암컷 무화과좀벌이 옮긴 꽃가루로 무화과나무는 수정을 할 수 있는 거야. 그렇게 수정이 되면 무화과 속에 아주 작은 씨앗들이 생기는 거란다. 무화과 꽃받침이 긴 주머니처럼 되면서 안에 꽃이 피는 것을 볼 수가 없는데, 어느새 열매는 익어 버리기 때문에 사람들은 무화과를 꽃이 없는 열매라고 여기게 된 것이란다.

무화과나무의 고향은 지중해 연안이에요. 그냥 먹어도 달고 맛있지만, 잼으로도 만들어 먹기 위해 우리나라에서도 많이 재배한답니다.

역사가 깊은 무화과

무화과는 성경에도 자주 등장하는 열매야. 특히 선악과를 먹은 아담과 이브가 부끄러워 옷 대신 입은 것이 무화과 잎이라는 이야기는 유명해. 무화과는 어찌 보면 인류가 아주 오래전 처음 열매를 재배하기 시작했을 때부터 등장한 것일지도 몰라. 지중해 연안과 중동에서 많이 먹기는 하지만 우리나라에서도 따뜻한 남쪽 지방에서는 아주 흔히 볼 수 있는 열매야. 또 《동의보감》에도 등장하는 걸로 봐서는 우리나라에서도 오래전부터 즐겨 먹거나 약으로도 많이 쓰였을 것으로 추측돼. 단맛을 내는 포도당과 과당 외에도 암 치료에 효과가 있는 성분과 섬유질, 단백질이 풍부해서 소화 불량이나 변비, 설사 같은 질병에 약으로 많이 쓰인단다.

▶ 성경 속에 등장하는 무화과나무를 표현한 그림이야.

늙은 말도 조랑말에게 배운다

 옛날 이스라엘의 솔로몬 왕은 사원을 짓기 위해 나라 구석구석을 살폈지만 마땅한 땅을 못 찾아 애를 태우고 있었어.
 그러다 한밤중에 한 들녘 땅을 살피러 간 어느 날, 한 남자가 밀밭에 나타났어. 막 추수를 끝낸 밀밭에는 낱알이 붙은 밀단이 양쪽에 나뉘어 쌓여 있었어. 남자는 오른쪽 밀단 절반을 왼쪽으로 옮겼지.
 솔로몬 왕이 남자를 불러 세우려는데, 어둠 속에서 또 다른 남자가 나타서는 왼쪽의 밀단 절반을 다시 오른쪽으로 옮겨 놓는 거야.

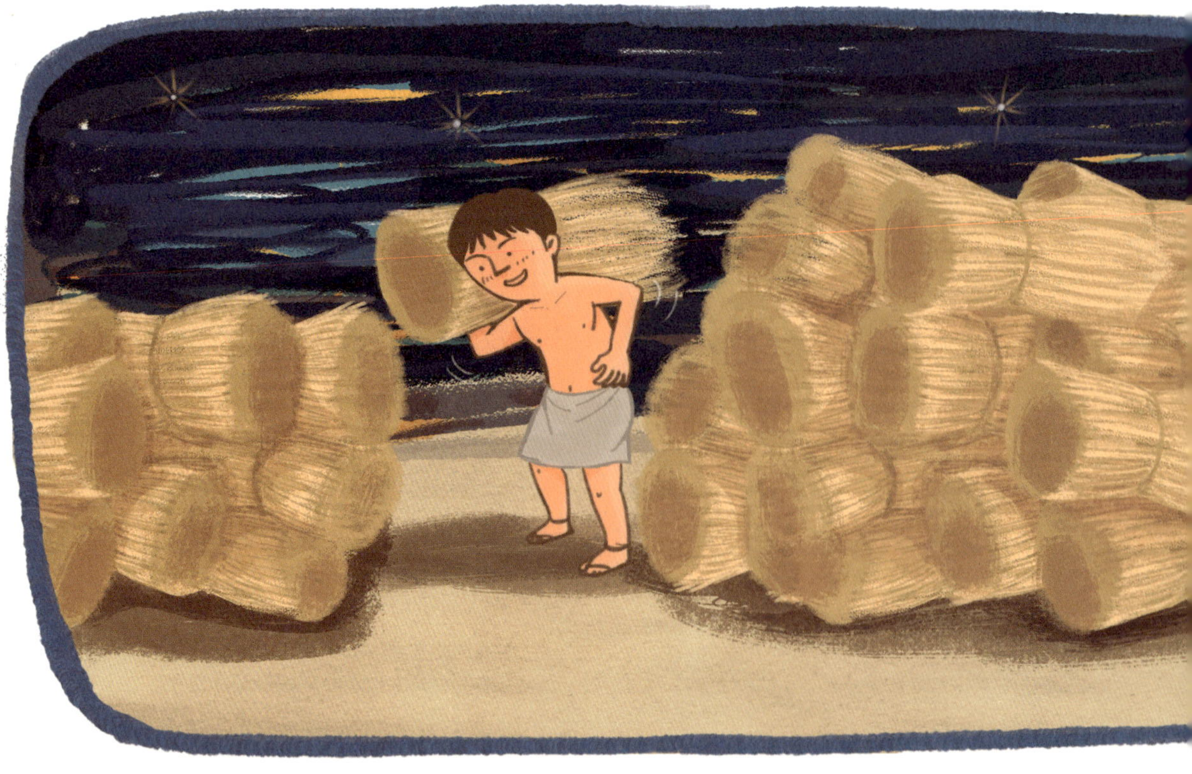

사실 두 남자는 형제였지. 다음 날 솔로몬 왕은 형제를 궁으로 불렀어.

"그대들은 지난밤에 왜 밀단을 서로 옆으로 옮겨 쌓았는가?"

그러자 동생과 형이 차례로 말했어.

"그 밭은 저희 형제가 함께 일군 밀밭인데, 형은 식구가 많아 밀이 많이 필요할 것 같아 저의 밀을 옮겨 드린 것입니다."

"저는 동생보다 아버지의 유산을 더 많이 물려받았습니다. 그러니 밀은 동생이 더 가져가야 옳지요. 그래서 옮긴 것입니다."

솔로몬 왕은 형제의 답을 듣고서는 무릎을 탁 쳤어.

"그대들이 나의 스승이자, 해결자네. 그대들의 착한 심성이 담긴 땅에 사원을 지으면 되겠네!"

늙은 말도 조랑말에게 배우는 게 있는 것처럼, 한 나라의 왕인 솔로몬도 농부들에게 지혜를 얻은 거야.

늘 눈과 귀를 열어 두고 배우려는 자세를 지닌다면, 뜻하지 않은 곳에서 교훈을 얻기도 한단다.

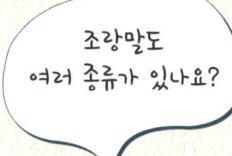

푸름 박사의 생태 이야기

덩치는 작아도 조랑말은 힘이 세다고?

조랑말도 여러 종류가 있나요?

조랑말은 여러 종류의 말 중에서 특히 키가 140센티미터가 안 되는 작은 말이야. 어떤 사람들은 조랑말을 덜 자란 어린 말로 생각할 수도 있는데, 조랑말은 다 자라도 몸 크기가 작아.

조랑말은 일반 말과 비슷해 보이지만, 몸 크기 말고도 다른 점이 많아. 일반 말은 어른 말이 되기까지 성장 속도가 느린 반면, 조랑말은 성장 속도가 빠른 편이야. 조랑말은 머리가 크고 귀는 작은데, 머리와 목에 갈기가 많아. 그리고 꼬리에도 털이 많지. 조랑말은 여름에는 털이 자라지 않다가 추운 계절이 오기 시작하면 다시 털이 자라는데, 털이 두껍게 자라기 때문에 추위에도 잘 견딜 수 있어.

조랑말은 말보다 다리가 짧지만 뼈도 튼튼하고 발굽도 더 강해. 또 먹을 것이 부족한 황량한 목초지에서도 잘 살아나갈 수 있고, 어떤 지역이든 그 지역의 환경에 적응을 잘해. 그리고 말보다 더 오래 사는 편

▲ 조랑말은 몸집이 작은 종류에 속하는 말로, 종류도 다양해.

이어서 30년을 넘게 살기도 하지. 덩치는 작아도 몸이 근육질로 단단하고, 체력이 아주 강하기 때문에 사람들은 조랑말을 농사 짓거나 짐을 나르는 일에 많이 이용해 왔어. 성질도 온순한 데다가 사람을 잘 따르는 편이라서 승마용으로도 많이 이용되고 있지. 영국의 조랑말인 셰틀랜드포니는 키가 120센티미터 정도로 100센티미터가 안 되는 것도 있어. 조랑말 중에 가장 몸집이 작아서 어린이들이 타는 승마용으로도 유명하단다.

◀ 조랑말은 어린이 승마용으로도 많이 이용된단다.

셰틀랜드, 웰시, 해크니, 우리나라의 제주마 등이 있답니다.

우리나라의 조랑말, 제주마

우리나라의 조랑말로는 제주도에 사는 제주마가 있어. 제주마는 아주 오래전 부여 및 고구려 때부터 우리 민족과 함께해 온 동물이야. 제주마를 흔히 '과하마'나 '토마'라고도 부르는데, 몸 크기가 작기 때문에 과일 나무 아래를 지나갈 수 있는 말이라고 해서 '과하마'라고 부른 거란다. 제주마는 키가 110센티미터 정도 되고 몸길이는 120센티미터로 몸집이 작은 편이지만, 체력이 강하고 온순하면서도 영리해. 그 수가 많을 때는 2만 마리까지 있었지만, 지금은 제주마 수가 급격히 줄어들어서 1000여 마리 정도밖에 안 되지. 그래서 천연기념물 제347호로 지정하여 보호하고 있단다.

▼ 여러 종류의 제주마야.

닭이 꼬끼오 하고 울었다고 달걀을 낳는 것은 아니다

다시 읽는 세계 속담 05 — 벨기에

월트 디즈니는 미국의 세계적인 만화 영화 제작자야. 월트 디즈니가 만든 만화 영화는 〈백설 공주〉, 〈인어 공주〉, 〈미녀와 야수〉 등 아주 많아. 그중 디즈니 하면 떠오르는 대표적인 만화 주인공은 아마 생쥐인 '미키 마우스'일 거야.

어린 시절, 디즈니의 집은 아주 가난해서 미술 학교에 다니고 싶었지만 꿈도 꿀 수 없었지.

디즈니는 청년이 되어 낮에는 일을 하고, 밤에는 그림을 그렸어. 신문사를 찾아다니며 자신이 그린 만화를 내밀었지만 번번이 퇴짜를 맞았지.

"이런 그림이라면 우리 집 어린애도 그릴 수 있겠소."

하지만 디즈니는 밤마다 그림을 그리고 또 그렸지. 그때 디즈니는 다른 사람의 차고를 빌려 살고 있었어. 춥고 어두컴컴하며 지저분했지만 누워 잘 수 있는 곳이 있다는 데 감사하며 지냈지. 어느 날 디즈니가 자는 곳으로 생쥐 한 마리가 들어왔고, 디즈니는 먹다 남은 빵 부스러기를 주었어.

"쯧쯧, 얼마나 배가 고팠으면……."

나중에 디즈니는 만화 영화 제작사를 만들고, 자신이 힘들었던 시절 친구가 되어 준 생쥐를 모델로 미키 마우스를 만들었어. 이후 미키 마우스는 디즈니를 대표하는 만화 캐릭터가 되었고, 월트 디즈니도 큰 성공을 이루었단다.

닭이 꼬끼오 하고 울기만 한다고 달걀이 나오는 건 아니야. 재능이 있는 디즈니도 온갖 시련을 이겨 내는 노력을 하지 않았다면 성공에 이르기 어려웠을 거야.

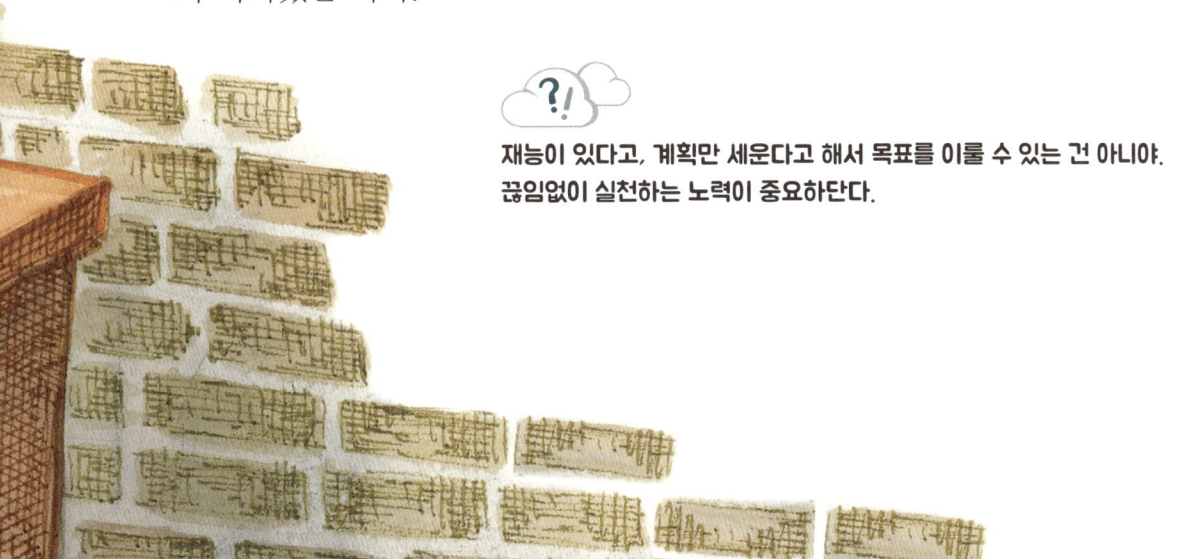

재능이 있다고, 계획만 세운다고 해서 목표를 이룰 수 있는 건 아니야. 끊임없이 실천하는 노력이 중요하단다.

푸름 박사의 생태 이야기

닭은 왜 아침에 울까?

▲ 큰 소리로 울고 있는 수탉이야.   ▲ 아침 일찍 나뭇가지 위에서 울고 있는 새의 모습이야.

닭은 모성애가 강한 동물이라고 하죠?

사람에게 고기와 달걀을 주는 닭은 참 고마운 동물이기도 하고, 사람들의 생활 속에서 아주 친숙한 가축이야. 그래서 옛날에는 마당에 닭을 키우는 집이 많았어. 닭은 동이 트기 전 이른 새벽이 되면, 마치 자명종처럼 '꼬끼오' 하는 우렁찬 소리로 아침이 오는 것을 알렸지.

그럼 닭은 왜 아침에 우는 걸까?

사실 닭은 시력이 좋지 않기 때문에 어둠이 오기 시작하는 오후가 되면 거의 활동을 하지 않아. 닭은 눈이 안 좋은 대신, 빛에는 민감하기 때문에 뇌로 빛을 느껴. 그래서 날이 밝기 시작하는 새벽에 빛을 느끼고는 우는 거야. 만약에 닭을 빛이 들어오지 않는 어두운 곳에 계속 둔다면 새벽이 되어도 울지 않을 거야. 닭뿐만 아니라 참새나 까치, 까마귀 같은 다른 새들도 모두 빛에 민감하기 때문에 아침 일찍 울어. 이른 아침 새들이 많은 공원에만 나가도 여러 새들이 신나게 노래하는 걸 들을 수 있을 거야.

닭은 사람들과 오래전부터 함께 살아왔고, 다른 새들처럼 '짹짹' 울지 않고 '꼬끼오' 하고 크게 울기 때문에 사람들은 닭이 특히 새벽에 운다고 생각하게 된 거야. 그렇다고 해서 닭이 꼭 새벽에만 우는 건 아니야. 그리고 '꼬끼오'라고만 우는 것도 아니지. 짝을 찾거나 위험에 처했을 때, 먹이를 발견하거나 적을 발견했을 때 등 수십 가지의 다양한 소리로 울거든. 어쨌든, 닭은 부지런한 아침형 동물인 것만은 분명하단다.

수탉이 높은 곳에 올라가 우는 이유는?

'닭 쫓던 개 지붕만 쳐다본다'라는 말이 있듯이, 수탉이 이른 아침 지붕처럼 높은 곳에 올라가 우는 것을 종종 볼 수 있어. 그럼, 수탉은 왜 높은 곳에 올라가서 울까? 사실 정확하게 밝혀진 이유는 없어. 닭이 가축으로 길러지기 전 산속에 살던 야생의 닭은 한 마리의 수탉이 암탉 2~5마리를 거느리며 무리 지어 살았는데, 암탉들을 보호하는 우두머리로서 다른 수탉들에게 자신의 영역을 멀리까지 알리기 위해 요란하게 울었다는 얘기가 있어. 이러한 습성 때문에 자신의 영역과 존재를 알리면서 다른 암탉들을 부르는 것이라고 추측하고 있단다.

◀ 수탉은 자주 높은 곳에 올라가 울어.

암탉은 알에서 병아리가 깨어나기 전에도 알 속의 병아리와 대화를 한다고 해요. 그래서 병아리는 어미 닭의 목소리를 알아듣는답니다.

다시 읽는 세계 속담 06 — 프랑스

연어를 잡기 위해서 피라미를 잃어야 한다

한 바닷가 마을 사람들은 해마다 배 위에서 춤추고 노래 부르며 바다의 신을 위한 축제를 벌였어.

어느 해, 몸이 불편한 할머니가 집에서 축제를 지켜보고 있었지. 할머니의 집은 마을에서 가장 높은 곳에 있었거든.

"즐겁게들 노는군. 다리만 안 불편하다면 나도 함께할 텐데……."

할머니는 이내 하늘의 밝기와 구름 모양이 갑자기 변하는 걸 알았어.

"저건 분명히 곧 폭풍이 몰아칠 징조야."

할머니의 남편은 어부였는데, 어느 해 거센 폭풍에
배가 뒤집혀 세상을 떠나고 말았어. 그때 본 하늘과
이날의 하늘이 똑같았던 거야.

할머니는 마을 사람들에게 바다에서 나오라고 소리쳤지만
너무 멀어 전해지지 않았어. 다리가 불편해 밖으로 나갈 수도 없었지.

할머니는 벽난로에서 불타고 있던 장작을 꺼내 집에 불을 붙였어. 불길
은 순식간에 집 전체를 감쌌지.

"할머니의 집에 불이 났다!"

시뻘건 불길을 본 마을 사람들은 서둘러 바다에서 나와 할머니의 집으
로 왔어. 그때 천둥과 함께 거센 비바람이 몰아쳤어. 파도는 마을까지도
덮칠 기세였지. 다행히 할머니의 집에 붙었던 불이 꺼지고 마을 사람들도
놀란 가슴을 쓸어내렸어.

연어를 잡기 위해 피라미를 잃듯 할머니는 마을 사람들을 구하기 위해
기꺼이 자신의 집을 잃었던 거야.

더 큰 목표를 이루기 위해
소중하거나 중요하다고 생각하는 일을
포기해 본 경험이 있니?

35

연어가 옷을 갈아입는 이유는?

> 산란을 위해 바다에서 강으로 거슬러 올라오는 연어의 자식 사랑이 대단하네요.

연어는 하천이나 강에서 태어나 넓은 바다로 나아가 3~5년 정도 자라서 산란을 할 만큼 어른 물고기가 되면, 다시 자기가 태어난 하천이나 강으로 돌아오는 물고기야. 이때 연어는 자기가 태어난 하천의 물 냄새를 기억해 내고는 그곳으로 정확히 돌아온다고 해.

연어는 입이 나와 있고 이빨은 뾰족한데, 등은 푸른색, 배는 은백색을 띠어. 그런데 산란기가 되면서 연어는 암컷과 수컷 모두 옷을 갈아입어. 몸 색깔은 더욱 진해지고, 옆구리에는 불규칙적인 붉은색 가로 줄무늬가 나타나. 이렇게 물고기가 산란기에 몸이 아름다운 색을 띠는 것을 '혼인색'이라고 하지. 강에서 살던 어린 연어들은 물속에 사는 곤충들을 먹고, 조금 더 자라 바다로 나아가서는 동물성 플랑크톤이나 갑각류, 어류 등을 먹어. 그런데 산란을 위해 강으로 돌아온 연어들은 이

▲ 우리나라에서 연어는 동해 북부의 일부 하천으로 돌아와. 오른쪽 사진은 산란기가 된 연어의 모습이야.

때부터 먹이를 먹지 않아. 알을 낳기 위해 강으로 거슬러 온 연어 암컷과 수컷은 강 상류의 맑은 물속에 웅덩이를 파고 알을 낳을 보금자리를 만들어. 암컷 연어는 두세 번에 걸쳐 수백 개, 수천 개의 알을 낳고는 자갈과 돌로 알을 덮지. 짝짓기를 끝낸 암컷과 수컷은 다른 암컷이나 수컷과 다시 짝짓기를 하기도 하는데, 짝짓기와 산란이 완전히 끝나고 나면 죽고 만단다. 알에서 깨어난 연어 새끼들은 조금 자라면 다시 바다로 내려가 4~5년을 살다가 다시 자신이 태어났던 강으로 올라와 산란을 마치고는 생을 끝내는 거야.

> 산란기의 수컷은 몸 색깔이 변하는 것뿐 아니라 턱이 길게 구부러지고 이빨도 더 튼튼해지며, 등이 불룩하게 솟는답니다.

영양이 가득한 연어

연어는 산란을 위해 태어난 곳으로 돌아오는 물고기로도 유명하지만, 유럽이나 미국, 일본 등에서 최고의 요리 재료로도 손꼽혀. 비린내가 거의 안 나는 물고기로 단백질이나 오메가-3, 비타민이나 DHA 등의 영양소가 아주 풍부하고 칼로리가 낮아서 건강에도 좋은 음식으로 사랑받고 있단다. 그래서 통조림을 만들어 먹거나, 생선회, 초밥, 구이, 찜, 훈제, 샐러드 등의 다양한 요리로 만들어 먹지.

우리나라에서는 강으로 거슬러 오는 연어를 잡아서 인공 번식을 시켜 알에서 갓 깨어난 어린 연어들을 강에 풀어놓는 식으로 연어의 수를 늘리기도 한단다.

▲ 연어는 다양한 요리에 이용되고 있어.

다시 읽는 세계 속담 07 중국

꽃을 심을 뜻이 있어 꽃을 심었으나 꽃은 피지 않고,
무심코 버들가지를 꽂았더니 나무 그늘을 이루었다

먼 옛날, 큰 호숫가 근처에 힘이 센 전사가 살고 있었어. 힘센 전사는 마을에 침입자가 있을 때마다 사람들에게 알려 주어 피하도록 했지. 그런데 전사는 사냥 실력이 좋지 않아서 전사의 식구들은 굶는 날이 많았어. 그래도 전사는 사냥을 멈출 수 없었지.

"뭐라도 사냥해서 식구들을 먹여야지."

어느 날 이른 아침부터 사냥을 하러 나선 전사의 눈앞에 붉은색 깃털이 달린 모자를 쓴 작은 남자가 나타나 물었어.

"지금 어디 가는 길입니까?"

남자의 말에 전사가 대답했지.

"가족들에게 먹일 사냥감을 구하러 가는 길이오."

그러자 작은 남자가 이상한 제안을 했어.

"나는 '붉은 깃털'이라고 합니다. 나와 힘을 겨루어 만약 당신이 이기면 '내가 당신을 던졌어요.'라고 말해요. 그럼 새로운 먹을거리를 얻을 수 있을 겁니다."

이상한 제안이었지만 전사는 일단 힘을 겨루기로 했어. 힘센 전사는 가뿐히 작은 남자를 이기고는 크게 외쳤지.

"내가 당신을 던졌어요!"

순간, 작은 남자는 온데간데없이 사라지고, 붉은 수염이 달린 작은 물건 하나만 남아 있었지. 이어서 붉은 깃털의 목소리만 들려왔어.

"날 감싼 껍질을 벗겨 잘게 쪼개어 들판에 던지고, 몸통은 숲 근처에 던진 다음에, 한 달 뒤에 이리로 다시 와요."

전사가 아무리 주위를 둘러봐도 붉은 깃털의 모습은 보이지 않았어. 잘 들어 보니 그 목소리는 붉은 깃털이 달린 물건에서 나고 있었지.

이상한 일이었지만, 전사는 붉은 깃털의 목소리가 시키는 대로 했어.

한 달 뒤, 힘센 전사는 붉은 깃털의 말대로 들판으로 와 보았어.

"아니, 이럴 수가!"

들판에는 이름을 알 수 없는 식물의 새싹들이 많이 나 있고, 숲 근처에 호박이 가득 자라고 있는 거야. 그리고 그해 가을 들판에는 노랗고 작은 알맹이가 꽉 찬 열매가 가득 열렸어. 열매 위에는 붉은 수염이 나 있었지. 숲 근처에서 자라던 호박도 아주 커졌어.

"이 열매들과 호박들을 식구들에게 먹여야겠다."

이때 붉은 깃털의 목소리가 다시 들려왔어.

"나를 갈아 빵을 만들어 먹으면 절대 굶지 않을 겁니다."

그 후 마을에서는 이 노란 열매를 키우게 되었는데, 그게 바로 우리가 지금도 즐겨 먹는 옥수수야. **무심코 꽂은 버드나무 가지 하나가 큰 나무 그늘을 만들어 주듯**, 붉은 깃털의 말대로 무심코 옥수수 씨를 던진 전사는 먹을거리 걱정 없이 가족들을 배불리 먹일 수 있었지. 이렇게 인디언들은 옥수수를 키워 먹고살게 되었다는 이야기가 전해 내려온단다.

**별 생각 없이 한 일인데
뜻밖의 좋은 결과를 얻었던 적이 있니?**

푸름 박사의 생태 이야기

버드나무 가지를 땅에 꽂으면 나무가 될까?

▲ 버드나무류의 나무는 물가에서 잘 자라.

썩은 버드나무 원줄기는 어두울 때 빛이 나서 예전 시골 사람들은 그걸 도깨비불이라고도 했지요?

　버드나무는 우리나라에서 흔히 볼 수 있는 나무야. 우리나라뿐 아니라 전 세계에도 널리 퍼져 있는 나무이지. 아래로 축 늘어진 나뭇가지들과 길쭉길쭉한 잎을 가진 커다란 나무를 누구나 한 번쯤은 봤을 거야. 그런데 버드나무 가지를 땅에 꽂으면 진짜 커다란 나무로 자라날 수 있을까? 뭔가 마술같은 이야기처럼 들리지만, 사실 이것은 가능한 이야기야. 식물의 가지나 잎 같은 것을 잘라 흙에 꽂아 다시 뿌리내리게 해서 완전한 식물로 자라게 하는 것을 '삽목'이라고 하는데, 버드나무는 삽목이 잘 되는 나무란다. 그 이유는 버드나무가 살아가는 환경에 있어. 버드나무는 보통 시냇가나 호수, 강가와 같이 물이 많은 곳을 좋아하거든. 이런 곳들에 뿌리를 내린 식물들은 흙 속의 물을 많이 빨아들일 수 있기 때문에 더 잘 자라날 수 있는 거지.

　4월 봄이 되면 버드나무는 활짝 꽃을 피우는데, 마치 강아지풀의 꽃차례처럼 탐스러워. 이 꽃에는 꿀이 있어서 벌레가 날아들기도 해. 그리고 5월이 되면 아주 작은 타원형 열매가 초록색으로 익는데, 다 익으면 열매 껍질이 벌어지면서 솜털이 달린 씨앗이 바람에 날린단다. 물가에 사는 버드나무는 물을 충분히 머금고 있어서인지 초겨울에도 잎이

▲ 버드나무류의 잎은 긴 타원형 모양이야.

▲ 버드나무류의 초록색 열매야.

파릇파릇해. 버드나무는 삽목으로 번식시키는 경우가 많은데, 보통 싹 트기 전의 봄에 손가락 굵기의 가지를 20~30센티미터로 잘라 땅에 꽂으면 물가가 있는 곳 어디서든 금방 뿌리를 내린단다.

> 예전 시골에서는 버들가지를 잘라 피리처럼 불며 놀기도 했지요.

사람들과 오래 함께해 온 버드나무

버드나무 잎을 물 위에 띄워 체하지 않게 천천히 마시도록 했다는 옛이야기나, 잘못을 저지른 아이를 때리던 사랑의 회초리로 버드나무 가지가 등장하는 이야기를 들어본 적이 있을 거야. 그만큼 버드나무는 오랜 세월 사람들과 함께해 온 나무야.

버드나무 잎이나 껍질은 고대 이집트, 그리스 시절부터 열을 내리거나 진통을 가라앉히는 약재로 쓰여 왔어. 지금도 고열이나 간염, 고혈압, 신장병, 기관지염 등에 약재로 쓰이고 있지. 우리가 흔히 아는 진통제인 아스피린의 원료로도 쓰이고 있단다.

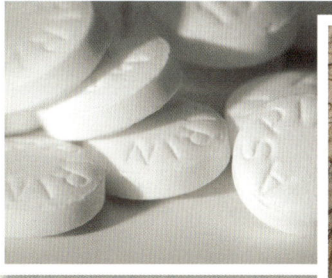

▲ 버드나무 잎이나 껍질은 약으로 많이 쓰여.

늙은 암소는 자신이 송아지였던 때를 생각하지 못한다

영국에 스크루지라는 돈 많은 영감이 있었는데, 지독한 구두쇠였어. 크리스마스 이브에 구걸하러 온 사람을 욕하며 내쫓고, 조카에게 쥐꼬리만큼 월급을 주면서 크리스마스에도 일을 하라고 했지. 그날 밤 스크루지에게 유령이 찾아왔어.

"오늘 밤 당신의 과거, 현재, 미래를 볼 거야. 먼저 과거로 가 보자고."

어린 시절의 스크루지는 해진 옷에 주린 배를 안고 외롭게 크리스마스를 보내고 있었어. 젊은 시절에는 돈 때문에 사랑하는 사람도 잃었지.

유령은 현재의 모습이라며 스크루지를 조카의 허름한 집으로 데려갔어. 조카는 가족과 기도하고 있었지.

"스크루지 삼촌은 얼마나 외로우실까? 삼촌을 위해 기도하자."

변변한 살림살이 하나 없는 집에서 사는 조카를 보니, 스크루지는 마음이 아팠어.

유령이 이번에는 스크루지를 어느 장례식에 데려갔어. 사람 하나 없는 쓸쓸한 장례식의 묘비엔 스크루지의 이름이 쓰여 있었지.

"안 돼! 난 아직 살아 있어!"

스크루지가 손을 세차게 휘젓는 순간, 눈이 번쩍 뜨였어. 다행히 꿈이었지. 스크루지는 꿈 속의 일을 가만히 떠올렸어.

"**늙은 암소가 송아지 때 생각을 못한다**더니, 나도 힘들게 살았던 과거를 잊고 있었어. 내가 사람들에게 상처를 주다니……."

스크루지는 그 후 새사람이 되어, 힘든 사람들을 잘 돕고 살아갔단다.

자신의 힘들고 어려웠던 시절을 돌아볼 줄 아는 사람이 진정한 성공을 이룰 수 있단다.

푸름 박사의 생태 이야기

고기소와 젖소가 다르다고?

요즘은 농기계가 발달해서 농사에 소를 많이 이용하지 않지요?

　소는 개 다음으로 사람과 아주 오래전부터 함께해 온 가축이야. 아주 옛날 야생 들소를 사람들이 가축으로 키우기 시작했는데, 기원전 7000~6000년 경 중앙아시아와 서아시아에서 기르던 것이 점점 동서로 퍼지면서 전 세계 모든 사람에게 도움을 주는 가축이 되었다고 해. 소는 사람들에게 우유와 고기, 가죽을 주기도 하고, 쟁기나 수레 같은 것을 끌어 주며 농사를 돕는 고마운 동물이야. 인도 같은 나라에서는 소를 신성한 동물로 여겨서 숭배하면서 쇠고기를 먹지 않아.
　소는 암수 구분에 따라 '수소', '암소'로 부르고, 보통 우유를 내기 위한 소를 '젖소'라고 불러. 또 어린 소는 '송아지'라고 부르지. 우리나라

▶ 앵거스, 와규는 주로 고기를 얻기 위한 고기소야(위).
▶ 홀스타인, 건지는 주로 우유를 얻기 위해 키우는 젖소야(아래).

에서는 농사를 짓는 데 도움을 받기 위해 삼한 시대부터 소를 키웠다고 하는데, 우리나라 토종 소를 '한우'라고 불러. 한우는 온순한 데다가 끈기가 있고 힘도 아주 세고 영리해. 붉은 갈색 털에 암소와 수소 모두 뿔을 가지고 있는데, 수소 중에 덩치가 큰 황소는 더 강한 뿔을 가지고 있지. 소는 생긴 모습이나 특성에 따라 품종이 여러 가지인데, 사람들이 이용하려는 목적에 따라 젖을 먹기 위한 젖소, 고기를 얻기 위한 고기소, 농사를 짓거나 일을 부리기 위한 소 등으로 나뉘어. 우리나라의 한우나 동남아시아의 물소는 일을 부리기 위한 소야. 고기소로는 스코틀랜드가 원산지이고 미국에서 많이 기르고 있는 앵거스, 일본의 와규 등이 있고, 젖소로는 홀스타인, 건지, 저지 등이 있단다.

▲ 우리나라 토종 소인 한우야.

네, 그래서 젖을 얻기 위한 젖소나 덩치가 큰 고기소가 많아졌답니다.

소는 인류의 오래된 재산

불고기, 장조림, 햄버거, 우유, 버터, 치즈, 아이스크림 등 지금까지도 우리의 식생활에서 빠질 수 없는 많은 것들은 소가 우리에게 주고 있는 것들이야. 옛날 송아지를 많이 키워 소를 늘리는 것은 재산을 늘리는 방법 중 하나이기도 했어. 소의 뿔은 활과 같은 무기의 재료가 되기도 하고 뼈는 단추나 젓가락, 도장 등으로 쓰이기도 해. 흔히 귀한 약이라고 불리는 '우황청심환'은 소의 담낭에서 얻는 약이야. 소의 가죽은 옷이나 구두의 재료로 쓰이기도 하지. 소는 인류의 오랜 재산이라고 해도 지나치지 않지?

▶ 우리 식생활에서 빠질 수 없는 많은 것들을 소에게서 얻고 있어.

다시 읽는 세계 속담 09 / 덴마크

참새는 학과 함께 춤추어서는 안 된다

　드넓은 미국 땅에 인디언만 살았던 옛날, 용감한 전사가 있었어. 하지만 전사는 그의 여동생에게만 보였지. 그래서 사람들은 그를 '보이지 않는 강한 바람'이라고 불렀어.

　여동생은 오빠가 결혼할 때가 되자 신붓감을 골라 주려고, 예쁘고 똑똑한 세 자매가 산다는 집으로 갔어. 여동생이 세 자매에게 차례로 물었어.

　"저희 오빠가 보이나요? 오빠의 어깨에 무엇이 있나요?"

　첫째 딸은 '보이지 않는 강한 바람'이 보이는 척하며 말했어.

　"물론 보이지요. 단단한 쇠망치를 메고 있군요."

　둘째도 보이는 척하며 말을 했어.

　"저도 보여요. 어깨에 큰 활을 차고 있군요."

이번에는 셋째가 대답했어.

"보이지 않아요."

그러자 셋째의 눈에 멋진 청년이 보이기 시작했어. 진실을 말한 사람만 보이지 않는 강한 바람을 볼 수 있었거든. 셋째가 다시 말했어.

"아, 지금은 보여요. 어깨 위에 매서운 눈빛의 매가 앉아 있군요."

그렇게 셋째가 전사와 결혼하게 되었지.

학과 함께 어울려 춤을 출 새는 참새가 아니듯 용감한 전사와 어울리는 짝은 욕심 많고 거짓된 두 언니가 아니라 진실된 셋째였지.

화가 난 두 언니가 셋째를 괴롭히자, 전사는 두 언니를 사시나무로 만들어 버렸어. 그래서 사시나무는 바람이 조금만 불어도 벌벌 떤다는구나.

학은 학에게, 참새는 참새에게 어울리는 생활이 있듯이 다른 사람이 부럽다고 무작정 따라 해서는 안 되겠지?

푸름 박사의 생태 이야기

학이 큰 날개를 펴고 춤추는 이유는?

▲ 날개를 활짝 편 두루미의 모습이야.

짧은 다리와 작은 날개로 총총거리는 참새, 긴 다리와 커다란 날개를 펄럭이는 학은 둘 다 새이지만, 서로의 개성이 달라. 학은 두루미를 한자어로 말한 이름이야. 두루미는 시베리아나 일본 북해도 등에서 번식하는데, 중국이나 우리나라로 날아와 겨울을 보내. 특히 일본 북해도의 쿠시로 습지에 사는 두루미는 연중 서식하는 텃새로 원주민인 아이누 사람들에게는 습지의 신으로 불리며 신성시되고 있어. 예부터 우리나라에서는 두루미를 신성한 동물로 여기기도 했는데, 지금은 멸종 위기에 처해 있고 천연기념물 제202호로 지정하여 보호하고 있지. 길고 가느다란 다리와 커다란 날개로 춤추는 모습은 사람들이 그대로 본떠 춤으로 공연을 하기도 할 만큼 인상적이야. 우리가 보기엔 두루미가 춤을 추는 것 같지만, 사실 이런 몸짓들은 대부분 사랑을 표현하거나 싸우는 거란다. 보통 두루미가 번식기를 맞이하면 암수가 서로 짝짓기 행동을 하는데, 마주 보며 머리를 굽히거나 높이 뛰는 몸짓, 옆으로 몸을 비트는 몸짓, 고개를 숙여서 발을 구르거나 날개를 펴고 발돋움을 하는 몸짓, 서로의 주위를 빙빙 도는 몸짓 등을 몇 분 동안 계속해. 이렇게 서로가 춤을 추다가 암컷 두루미가 몸을 낮추고 날개를 활짝 펴며 수컷과 짝짓기를 하고, 짝짓기

두루미의 춤은 구애만을 위한 것인가요?

▲ 다양한 몸짓을 하는 두루미

후에는 수컷 두루미가 암컷의 머리 앞으로 뛰어내려 서로가 고개를 아래로 깊이 숙인단다. 두루미 쌍은 자신의 영역을 지키는 데 철저한데, 다른 두루미가 영역을 침범할 때는 목을 쭉 빼고 하늘을 향해 부리를 세워 크게 울어. 이땐 부리나 발톱으로 공격하거나 날개를 아주 크게 펄럭거리면서 낮게 날아가 쫓아내기도 한단다.

두루미는 번식기가 아니더라도 날개를 퍼덕이며 뛰는 동작을 하루에도 여러 번 한다고 해요. 이런 두루미의 행동을 놀이로 보는 학자도 있답니다.

두루미가 한쪽 다리로 서서 자는 이유

두루미는 커다란 날개를 펴면 몸길이가 2미터가 넘고 몸무게만 해도 10킬로그램가량 나가는 큰 새야. 그런데 그 커다란 몸을 가느다랗고 긴 다리 하나로 버티고 서서 잠을 자는 것으로 유명해. 두루미는 왜 한쪽 다리로 서서 잘까? 보통 다른 새들은 추위를 피하려고 배를 땅이나 나무에 대고 머리를 등 속에 묻는데, 두루미는 주로 물이 많은 습지 근처에서 살기 때문에 웅크리고 자기가 힘들어. 그래서 두 다리를 다 내놓지 않고, 한쪽 다리는 몸의 털 속에 묻고 한쪽 다리로 서서 자는 거야. 그렇게 자면 몸의 열이 빠져 나가는 것을 그나마 줄일 수 있기 때문이란다.

▶ 두루미들 중에 한쪽 다리로 서서 자는 두루미들을 볼 수 있어.

다시 읽는 세계 속담 10 — 수리남

작은 새는 옥수수의 그루터기 위에 있어도 행복을 느낀다

감기에 심하게 걸렸거나 몸에 큰 상처가 났을 때 병원에 가면 항생제를 처방해 주기도 해. 항생제는 우리 몸에 생긴 염증을 치료하는 데 쓰는 약이야. 항생제는 곰팡이에서 나오는데, 이것을 맨 처음 발견한 사람이 바로 영국의 미생물학자 '플레밍'이란다. 플레밍은 어린 시절 수킬로미터나 되는 길을 걸어서 학교에 갔어. 학교에 가려면 산길을 걷고 걸어 작은 외나무다리를 건너야 했지. 그런데 어느 날 비가 많이 내려서 외나무다리도 물에 잠겼어. 다른 아이들은 학교 가는 걸 포기하고 집으로 되돌아갔어.

"다른 길로 돌아서 가면 잠기지 않은 다리가 있을지도 몰라."

플레밍은 혼자서 걷고 또 걸었어. 냇물이 끝나 강이 시작되고 그 너머에 학교가 있어서 한참을 걸어야 했지.

플레밍이 힘들게 학교에 도착했을 때는 점심시간도 훌쩍 지난 뒤였지.

선생님이 놀란 눈으로 플레밍에게 물었어.

"그 먼 길을 혼자서 걸어오는데 지루하거나 무섭지 않았니?"

그러자 플레밍이 웃으며 말했어.

"오히려 꽃과 나무와 새들을 관찰하는 게 재미있었는걸요."

자연을 탐구하는 플레밍의 자세는 훗날 미생물학자로서 성공하는 밑바탕이 되었어. **작은 새가 옥수수 그루터기 위에서도 행복을 느끼듯**, 어떤 환경에서도 스스로 즐거움과 행복을 찾을 수 있는 플레밍의 긍정적인 마음이 연구로 지친 마음을 금세 다잡게 해 주고, 끊임없이 노력할 수 있었거든.

**내가 플레밍이라면 물에 잠긴 외나무다리를 보고 어떻게 했을 것 같니?
또 그렇게 생각한 이유는 무엇이니?**

푸름 박사의 생태 이야기

옥수수는 사람에게도 고마운 식물이라고?

옥수수는 세계적으로 가장 널리 분포하는 식용 작물 중 하나이지요.

옥수수는 작은 새에게 행복을 줄 수 있는 먹이가 될 뿐 아니라, 사람에게도 고마운 곡식이 되어 주는 식물이야. 옥수수는 원산지가 남아메리카 열대 지방으로, 건조하고 더운 지방에서 잘 자라지. 옥수수는 밭에 심어서 기르는 벼과의 한해살이 식물로 오래전 미국의 인디언들이 기르던 곡식인데, 이탈리아의 탐험가 콜럼버스가 유럽에 전파하면서 그 이후 전 세계의 모든 지역으로 퍼져 나갔단다. 우리나라에는 고려 때 중국에서 들어왔는데, 지금은 강원도에서 많이 재배하고 있어. 옥수수 줄기는 쭉쭉 곧게 자라는데, 겉은 반질거리지만 속이 꽉 차 있어서 단단해. 이 줄기가 맞닿는 땅에는 곁뿌리가 나와 있어서 옥수수가 곧게 자랄 수 있는 받침대 역할을 하지. 폭이 좁고 큰 잎은 줄기를 따라 어긋나 있고, 잎 가장자리는 물결처럼 구불구불해. 여름이 되면 줄기 끝에 수꽃 이삭이 솟아나 피고, 잎겨드랑이에 피는 암꽃 이삭은 열매로 자라나. 암꽃의 암술머리가 우리가 흔히 '옥수수 수염'이라고 부르는 부분이야. 유럽에서는 옥수수를 가축의 사료로 많이 쓰고 있어. 아프리

▲ 전 세계에서 재배하는 옥수수 열매에는 녹말이 많이 들어 있어.

카나 동양에서는 쌀이나 보리, 밀 대신 옥수수를 식량으로 삼기도 해. 완전히 여문 옥수수 알갱이로 밥을 짓거나 죽을 쑤어 먹기도 하고, 쪄서 간식으로 먹기도 하지. 또 팝콘이나 과자의 재료로 쓰기도 하고 떡이나 엿, 술을 빚어 먹기도 한단다. 옥수수 줄기는 종이를 만드는 데에도 쓰이고 옥수수 속은 숯을 만들어 산업 연료로 쓰기도 한단다.

▲ 우리가 먹는 간식들 중 옥수수로 만든 것들도 많아.

> 옥수수 수염은 소변을 잘 나오게 하는 효과가 뛰어나서 신장병이나 당뇨병 같은 질병의 약재로도 쓰인답니다.

에너지로도 사용되는 옥수수

옥수수는 서늘하고 건조한 기후에서도 잘 자라는데, 전 세계에서 생산되는 옥수수 양의 절반이 미국에서 생산되고 있어. 옥수수는 동물의 사료나 사람들의 식량으로 이용될 뿐 아니라, '바이오 에너지'로도 이용되고 있어. 바이오 에너지란 식물을 열로 분해하거나 발효를 시켜서 만든 연료를 말해. 사탕수수, 감자, 옥수수 등의 당분을 발효시키면 '바이오에탄올'이라는 에너지를 얻을 수 있는데, 이 에너지는 휘발유에 섞어서 사용할 수 있기 때문에 차량 연료를 대체할 수 있는 에너지로 이용된단다.

▶ 옥수수 밭

다시 읽는 세계 속담 11 — 일본

뱀 다리를 그린다

한 나라에 거짓말을 좋아하는 왕이 있었어. 왕은 좀 더 기발한 거짓말을 듣고 싶어서 온 나라에 방을 붙이기로 했지.

"여봐라, 거짓말로 나를 속이면 상을 내리겠다고 적어라. 그리고 누가 거짓말을 하든 참말이라고 우기면 상을 줄 일은 없으니, 통 크게 금덩이와 내 후계자 자리를 준다고 적어라."

방이 붙자 거짓말을 하겠다는 사람들이 왕궁으로 모였어. 그런데 어떤 얼토당토않은 말에도 왕은 참말이라며 돌려보내는 거야. 이 소문을 듣고 한 소년이 나섰어. 소년은 왕 앞에 가서 거짓말을 늘어놓기 시작했지.

"제가 연못가에서 쉬는데 코끼리 다섯 마리가 목욕하러 온 거예요. 코끼리를 타고 가려고 코끼리를 잡으려는데 산으로 도망을 가지 뭡니까. 그런데 이번엔 바다로 도망가 쫓아갔더니 코끼리들이 날아가는 거예요. 저도 뒤쫓아 날아갔지요. 코끼리들이 내려와 어느 집으로 들어가더니, 갑자기 찻주전자 속으로 들어가지 뭡니까! 그때 뚜껑을 닫고 주둥이를 꼭 막아 잡았지요. 잡은 코끼리 다섯 마리요? 왕께서 사셨잖습니까! 그 값으로 집채만 한 금덩이를 주신다기에 이렇게 받으러 왔습니다. 자, 코끼리 다섯 마리 값을 어서 주시지요."

참말이라고 하면 코끼리 값을 주어야 하고, 거짓말이라고 하면 방에 적은 상을 주어야 하니 왕은 아무 말도 할 수 없었어.

뱀 다리를 그린다고, 왕은 안 써도 될 말을 적어 곤란을 겪게 되었단다.

안 해도 될 말을 해서
어려움을 겪어 본 적이 있니?

푸름 박사의 생태 이야기

뱀의 조상은 다리가 있었다고?

▲ 네 발 달린 뱀의 모습을 복원한 그림이야.

만약 뱀에게 정말 다리가 있었다면, 작은 다리 네 개로 긴 몸을 끌고 걷기는 불편했을 것 같은데요?

 우리는 쓸데없는 말이나 글을 덧붙인다고 할 때, '사족(蛇足)'이라는 말을 쓰고는 해. 사족은 '뱀의 다리'를 뜻하는 말이야. 즉 뱀 다리를 그린다는 말은 불필요한 말이나 글을 붙인다는 뜻이지. 뱀은 다리가 없어도 잘 살아가는 동물이야. 그런데 아주 먼 옛날에 살았던 뱀의 조상에게도 다리가 없었을까?

 많은 과학자들은 뱀이 도마뱀과 같은 조상에서 갈라져 나왔다고 생각하고, 앞다리가 먼저 사라진 후 뒷다리도 점점 퇴화하면서 지금의 다리가 없는 뱀의 모습이 되었다고 생각해 왔어. 그런데 몇 년 전, 영국 한 대학의 연구자들에 의해서 다리가 넷 달린 뱀의 화석을 분석한 연구 결과가 발표되었어. 이 화석은 브라질에서 발견되었는데, 지금으로부터 약 1억 1300만 년 전 뱀의 조상이라고 추측하고 있지. 이 화석에서 발견된 뱀은 몸길이가 20센티미터 정도 되고, 1센티미터도 안 될 만큼 작지만 앞다리와 뒷다리뿐 아니라 발가락이나 발톱도 발달되어 있어서 아마도 먹이를 잡는 데 이용되었을 것으로 추정하고 있단다. 이 뱀의 배 속에는 소화가 덜 된 작은 척추동물이 있었는데, 아마도 긴 몸으로 먹이를 조여서 사냥한 것으로 추측하고 있지. 이 화석에서 발견된 뱀이 그냥 몸이 긴 도마뱀인지, 아니면 정말 다리를 가지고 있던 뱀의 조상인지는 아직 확실하게 밝혀지지 않았어. 하지만 이 화석 동물의 턱 모양, 그리고 꼬리가 긴 것이 아니라 몸통이 늘어난 것으로 봤을 때 뱀의 조상일 가능성이 있다고 보지만 아직 더 많은 연구가 필요하단다.

> 뱀의 다리가 있었더라도 걷는 역할에 도움은 안 됐을 거예요. 뱀은 아주 오래전부터 기어다니거나 물속에서 헤엄을 쳤을 거예요.

다리가 없는 도마뱀

도마뱀은 현존하는 파충류 중에서 그 종류가 가장 많아. 도마뱀의 발은 벽에 잘 붙어 다니기에 좋은데, 사실 뱀처럼 다리가 없는 도마뱀도 있어. 바로 '무족도마뱀'이 다리가 없는 도마뱀이야. 얼핏 보면 뱀과 비슷해 보이지만, 일반적인 뱀과 두개골 형태가 달라. 그리고 두 갈래로 갈라진 뱀의 혀와 달리 혀의 모양도 한 갈래이고, 눈꺼풀과 고막이 있다는 것도 뱀과 다른 점이야. 비늘 모양이나 뱀처럼 유연하게 움직이지 못한다는 점에서, 다리는 없지만 도마뱀으로 분류한단다.

▶ 무족도마뱀은 뱀처럼 보이지만, 도마뱀으로 분류돼.

게가 새끼에게 똑바로 걷기를 가르친다

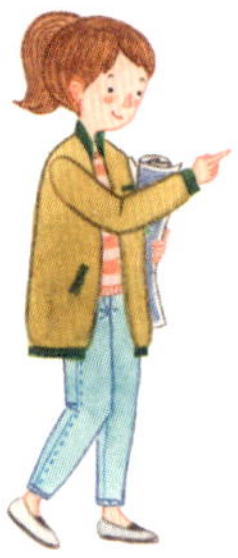

독일의 작곡가 베토벤의 아버지는 궁정 악당에서 테너 가수로 일했지만 성공하지 못했어. 게다가 버는 돈은 술값으로 탕진했지. 베토벤의 아버지는 베토벤도 당시 최고의 인기를 끌던 천재 음악가, 모차르트처럼 되길 원했어. 그래서 억지로 피아노를 가르쳤지.

"베토벤, 너도 반드시 유명한 음악가가 되어야 해. 오늘은 이 악보를 모두 외우도록 해."

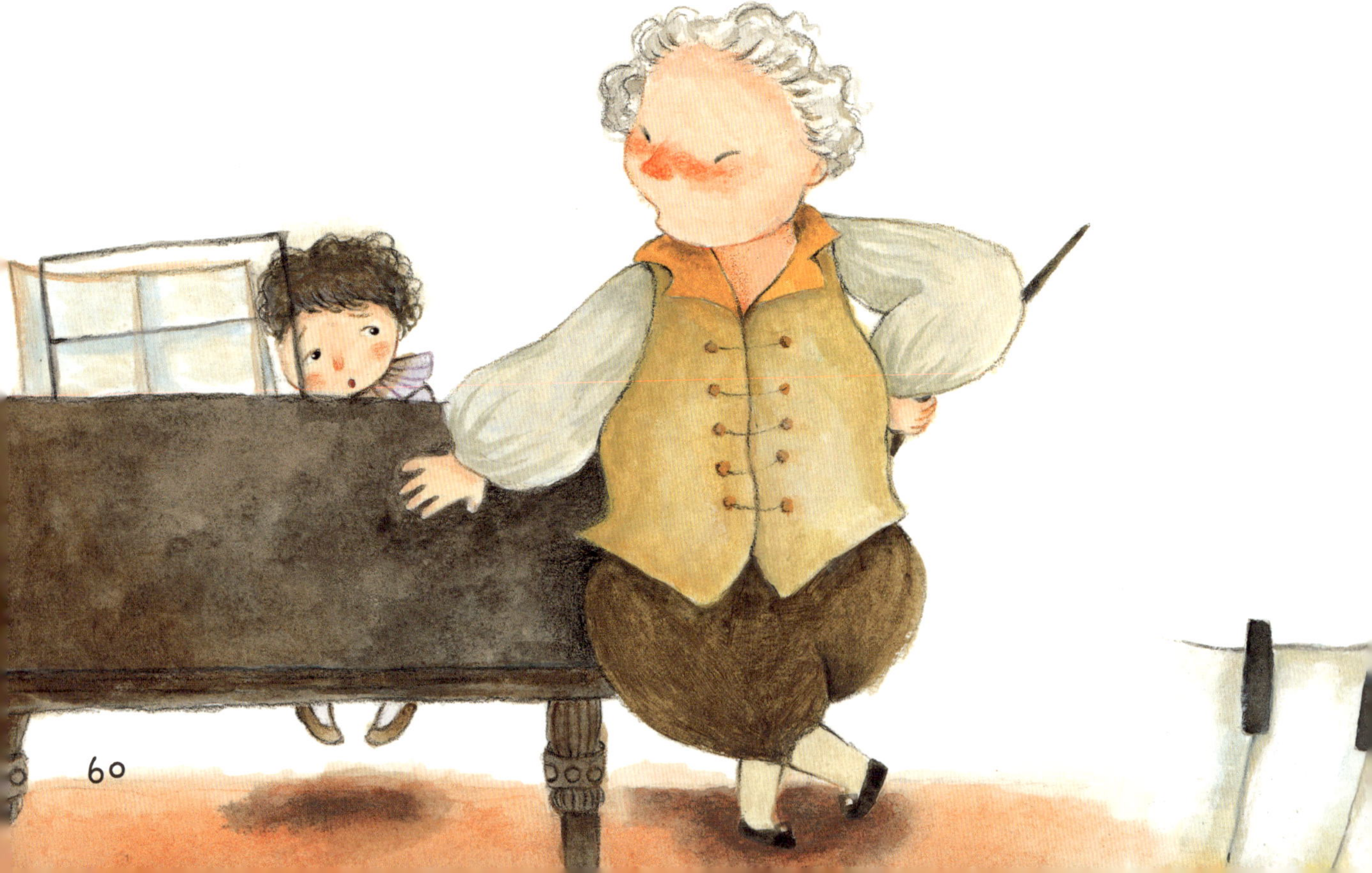

하지만 아버지의 명령은 어린 베토벤에게는 무리였지.

"이래서는 절대 일류 음악가가 될 수 없어! 너도 나처럼 삼류 음악가가 되어서 가난한 술주정뱅이로 살고 싶으냐?"

"아버지, 저는 피아노를 즐거운 마음으로 연주하고 싶어요."

베토벤의 애원도 그의 아버지에게는 소용없었고, 베토벤이 마음에 들지 않게 연주하거나 연습을 게을리하면 손찌검을 하기도 했지. 하지만 베토벤은 피아노 연주를 하고 자신의 마음을 악보에 담는 일이 싫지 않았어. 괴로운 일이 있을 때에는 더욱 음악에 매달렸지.

훗날 결국 베토벤은 시대를 대표하는 일류 음악가가 되었단다.

게가 새끼에게 똑바로 걷기를 가르친다는 말이 있어. 베토벤의 아버지가 그랬듯, 정작 자신은 옆으로 걸을지언정 자식만큼은 제대로 걷기를 바라는 부모의 마음이라 생각한다면 비난만 하기는 어려울지도 모르겠구나.

노력으로도 안 되는 것들은 어떻게 하는 게 좋을까?

푸름 박사의 생태 이야기
앞으로 걷는 게도 있을까?

게는 옆으로 걷는 동물로 유명해. 하지만 모든 게가 옆으로만 걷는 것은 아니야. 아마도 밤게라면 새끼에게 앞을 향해 똑바로 걷는 것을 가르치는 게 가능할지도 몰라.

밤게는 모래 갯벌에서 볼 수 있는, 밤톨처럼 작은 게야. 몸통이 밤알처럼 동그랗게 생겼는데, 검은 초록에 어두운 고동색 얼룩무늬가 있고 튼튼하게 생긴 납작한 집게발을 가지고 있어. 행동이 아주 느려서 천천히 걷는 편인데, 신기하게도 옆으로 걷는 다른 게들과는 달리 집게발을 비스듬히 들고는 앞으로 걸어. 그리고 몸을 건드리면 집게발을 좌우로 뻗고는 걷는 다리를 움츠린 채 죽은 척을 하기도 해.

밤게는 어떻게 앞으로 걸을 수 있는 걸까? 옆으로 걷는 다른 게들은 보통 몸통에 붙어 있는 다리 연결 마디들이 바짝 붙어 있기 때문에 앞

밤게는 천적이 나타나면 어떡하나요?

▲ 밤게의 동그랗고 볼록한 몸은 마치 공처럼 생겼어. 우리나라, 대만, 일본 등에 산단다.

으로 움직이면 서로 부딪혀 제대로 걸을 수가 없어. 그래서 다리의 각 마디들의 관절을 구부려서 옆으로 걷는 거야. 하지만 밤게는 이 몸통에 붙어 있는 다리 연결 마디들의 간격이 넓기 때문에 앞으로 걸어도 다리가 부딪히거나 꼬여서 넘어지지 않아. 그리고 관절을 앞으로 구부릴 수가 있어서 옆으로뿐만 아니라 앞이나 뒤로도 자유롭게 움직일 수 있는 거야. 밤게뿐만 아니라 바닷속에 사는 많은 게들이 앞으로 걷는단다.

밤게의 자식 사랑

밤게의 수컷은 암컷이 알을 수정하고 보호하는 데 아주 큰 역할을 해. 밤게의 암컷은 수정된 알을 배딱지 속에 품고 있는데, 밤게 암컷의 배딱지는 너무 단단해서 수정된 알들에게 바닷물의 산소를 제대로 공급해 주기가 힘들어. 그래서 밤게 수컷은 알을 품고 있는 암컷 밤게의 뒤를 따라다니면서 자기 다리 한 쌍을 암컷의 배딱지와 몸통 사이로 넣어 바닷물이 암컷의 몸속으로 들어갈 수 있도록 도와. 이때 밤게 수컷은 아무것도 먹지 않고 오로지 암컷 밤게의 배딱지 안의 알에게 바닷물의 산소를 공급해 주는 일만 한단다. 이 정도면 자식 사랑이 보통이 아니지?

▶ 밤게 암컷과 붙어 있는 수컷의 모습이야.

밤게는 아주 느리지만, 위험이 다가오면 뒷다리를 이용해 빠르게 진흙 속으로 도망친답니다.

다시 읽는 세계 속담 13 — 라오스

한 그루의 대나무도 마디마다 길이가 다르다

아기 돼지 삼 형제가 있었는데, 첫째 돼지는 잠꾸러기야. 밤이고 낮이고 드러누워 잠자는 것만 좋아해. 둘째 돼지는 먹보야. 식은 죽뿐 아니라 쉰 죽도 잘 먹어. 셋째 돼지는 일꾼이야. 아침 일찍 일어나 밭을 갈고 물을 긷고 농장을 살피다 밤 늦게 잤지. 어느 날 엄마 돼지가 말했어.

"너희들도 다 자랐으니 각자 집을 짓고 따로 살아라."

첫째 돼지랑 둘째 돼지는 좋아했어.

"꿀꿀, 이제 엄마 눈치 안 보고 맘껏 잘 수 있겠군."

"꿀꿀, 내가 먹고 싶은 것만 만들어서 배가 터지도록 먹어야지!"

셋째 돼지도 좋아했어.

"꿀꿀, 이제 엄마도 좀 쉬세요. 저희 돌보시느라 힘드셨잖아요."

첫째 돼지는 추수를 끝낸 들에 가서 볏짚 한 단을 주워 왔어.

"집이 그늘만 가려 주면 되지! 가볍고 짓기 쉽고 얼마나 좋아?"

첫째 돼지는 후딱 집을 짓고는 쿨쿨 잠을 잤어.

둘째 돼지는 숲에서 가시덤불을 모아 왔어. 그리고는 둥글게 모양을 잡아 집을 지었지. 반나절도 안 걸려서 말이야.

"역시 나는 똑똑해. 가시가 있으면 다른 동물이 얼씬 못할 거야. 배고픈데 꿀꿀이죽 한 그릇 먹어야겠군."

셋째 돼지는 형들의 집을 보고는 걱정이 되었어. 힘센 늑대라면 지푸라기 집과 가시덤불 집을 손쉽게 넘볼 수 있을 것 같았거든.

"형들, 집이 너무 허술하잖아. 늑대가 쳐들어오면 어쩌려고?"

그러자 첫째 돼지가 말했어.

"늑대는 언덕 너머에 사는데 힘들게 여기까지 왜 오겠니?"

둘째 돼지도 말했어.

"괜찮아, 내가 지은 집에는 가시가 있거든."

셋째 돼지는 고민 끝에 벽돌로 집을 짓기로 했어. 튼튼한 집을 짓기 위해 벽돌을 구하려면 산을 넘어야 했지만, 셋째 돼지는 수레를 끌고 열 번도 넘게 산을 오르내리며 벽돌을 가져왔어. 그리고 벽돌과 벽돌 사이를 진흙으로 단단히 붙였지. 그래서 집을 다 짓는 데 사흘이 넘게 걸렸어.

그런데 며칠 뒤 셋째 돼지의 걱정대로 배고픈 늑대가 아기 돼지 삼 형제의 집 주변을 어슬렁거렸어.

늑대는 첫째 돼지 집에 입김을 훅 불었어. 지푸라기는 우수수 흩어졌고 늑대는 잠자던 첫째 돼지를 꿀꺽 잡아먹었어. 그리고는 둘째 돼지네로 갔어. 문을 열려다 가시에 찔려 깜짝 놀랐지만 다시 입김을 훅 불었어. 그랬더니 가시덤불도 훌떡 뒤집어졌지. 늑대는 둘째 돼지도 꿀꺽 잡아먹고는 셋째 돼지네로 갔어. 셋째 돼지 집은 아무리 힘을 모아 입김을 불어도 꿈쩍하지 않았어. 대문도 단단히 잠겨 있어서 도무지 열 수가 없었지. 늑대는 굴뚝을 타고 들어가기로 했어. 하지만 셋째 돼지가 미리 굴뚝 밑에 펄펄 끓는 물을 갖다 두어, 늑대는 뜨거운 물속에 빠져 버렸지.

한 뿌리에서 자란 대나무도 마디마다 길이가 다 다르듯이, 아기 돼지 삼 형제처럼 한 부모에게서 태어난 형제들도 지혜가 서로 달랐던 거야.

세상에 나와 같은 사람은 아무도 없어. 나와 다르다고 해서 틀렸다고 생각해서는 안 되겠지?

푸름 박사의 생태 이야기
대나무는 나무일까, 풀일까?

▲ 대나무 숲에 사는 판다는 주로 대나무 잎을 먹고 살아.
▶ 대나무는 벼과 식물 중 가장 키가 커.

대나무는 어떻게 빨리 자랄 수 있을까요?

하늘을 향해 쭉쭉 뻗은 대나무. 귀여운 판다와 한 몸처럼 늘 함께인 대나무는 누구나 쉽게 떠올릴 거야. '대'라고도 부르는 대나무는 나무처럼 단단한 줄기를 가진 여러해살이 식물이야. 따뜻하고 물기가 많은 곳에서 잘 자라서 열대나 온대 지방에 숲을 이루고 있는데, 특히 동남아시아에 많아. 우리나라에서는 남부 지방에 많이 자라고 있어. 줄기가 하늘을 향해 곧게 자라는데, 줄기 속은 텅 비어 있고 마디가 있지. 이 마디에는 잎자루가 있고 땅속의 뿌리줄기는 길게 땅속으로 뻗어 나가, 늦은 봄 죽순이 올라오면서 번식해. 전 세계에 분포하는 대나무는 천 종이 넘고 종류마다 조금씩 다르긴 하지만 줄기가 수십 미터까지 자라나는 것도 있어. 줄기가 나무처럼 단단하고 이름도 '대나무'라고 하니 흔히 나무라고 생각하기 쉽지만, 대나무를 나무가 아닌 풀로 보기도 해.

일반적으로 나무는 부피 생장을 하는 형성층이 있어서 옆으로도 늘어나며 나이테가 생기는 부피 생장을 해. 그렇게 나무는 몇 십 년 동안 계속 자라나지. 하지만 대나무는 부피 생장을 하지 않고 나무처럼 굵어지지도 않아. 대나무 줄기의 굵기는 죽순으로 나올 때의 굵기를 그대로 유지하기 때문이야. 땅 위로 올라온 대나무의 줄기 부분이 몇 년은 지속되지만, 해마다 처음에 땅속에서 자라 올라오는 죽순의 굵기로 계속 살아가는 거지.

▲ 꼿꼿한 대나무 줄기는 마디가 나뉘어 있어.

대나무는 지역마다 자라는 속도가 다르긴 하지만 싹이 난 뒤 4~5년 사이에 완전히 자랄 만큼 아주 빨리 자란단다.

대나무에도 꽃이 필까?

곧게 뻗은 줄기와 뾰족한 잎은 많이 기억하겠지만, 아마도 대나무 꽃을 본 사람은 별로 없을 거야. 사실 대나무 꽃은 수십 년에 한 번씩 피기 때문에 보기가 어렵거든. 그런데 신기한 사실은 대나무가 한번 꽃을 피우고 나면 모두 말라 죽는다는 거야. 어떤 곳의 대나무는 십여 년 또는 수십 년, 아니면 백여 년에 한 번씩 꽃이 피어. 꽃을 피우면 모조리 죽어 버리는 이유에 대해, 대나무가 주기적으로 꽃을 피우기 때문이라는 주장과 흙 속의 영양분이 부족해서 말라죽기 때문이라는 주장 등이 있긴 하지만 아직도 대나무가 꽃을 피운 후 한꺼번에 죽는 이유가 정확히 밝혀지지는 않았단다.

소나무 같은 나무의 경우 줄기 끝에만 생장점이 있지만, 대나무는 마디마다 생장점이 있어서 아주 빨리 자랄 수 있지요.

◀ 대나무 꽃

다시 읽는 세계 속담 14 — 영국
노루 고기 한 조각에 고양이 두 마리의 가치가 있다

잭이라는 소년이 엄마와 단둘이 살고 있었어. 잭의 집에는 젖소가 한 마리 있었는데, 늙어서 젖이 안 나오는 거야. 그러자 엄마가 젖소를 보리로 바꾸어 오라며 잭을 장에 보냈어. 잭이 젖소를 끌고 장에 가는 길에 어떤 할아버지를 만났지.

"애야, 그 젖소를 이 콩알 하나와 바꾸지 않겠니? 하룻밤 새에 하늘만큼 올라가는 마법의 콩나무로 자랄 거란다."

잭은 날름 젖소와 콩알을 바꿨어. 하지만 엄마에게 야단만 맞았지.

"정말 한심하구나. 커다란 젖소를 겨우 콩알 하나와 바꾸다니!"

엄마는 화를 내며 콩알을 창 밖으로 던져 버렸어.

잭은 방으로 들어와 시무룩하게 창 밖만 바라봤어. 그런데 엄마가 던진 콩알에 싹이 트더니 굵은 줄기가 하늘을 향해 쑥쑥 올라가는 거야.

잭은 창 밖으로 발을 내밀어 콩나무에 올라탔어. 그리고 나뭇가지를 딛고 올라가기 시작했어. 한참을 올라가니 꼭대기에 집이 한 채 있었지.

집 안에는 한 아주머니가 수프를 끓이고 있었어.

"아주머니, 죄송하지만 수프 한 그릇 얻어먹을 수 있을까요?"

아주머니는 흔쾌히 수프를 주었어. 잭이 수프를 다 먹을 때쯤 쿵쿵 발소리가 들렸고, 잭은 아주머니가 시키는 대로 식탁 밑에 숨었지.

방 안으로 한 거인이 들어오더니 코를 킁킁거렸어.

"어디서 사람 냄새가 나는 것 같은데……?"

그러자 아주머니가 딱 잡아뗐어.

"닭고기 수프 냄새예요."

거인은 가지고 온 금화를 벽난로 옆에 던져 놓고 잠이 들었어. 잭은 거인이 잠든 틈을 타 금화를 가지고 집으로 내려왔지. 잭이 다음 날에도 콩나무를 타고 올라가 아주머니가 차려 준 음식을 먹고 있는데 또 발소리가 들려 얼른 숨었지. 거인은 닭 한 마리를 들고 들어와 닭에게 소리쳤어.

"황금 달걀을 낳아라."

그러자 닭이 번쩍번쩍 빛나는 황금 달걀을 낳는 거야. 잭은 거인이 잠들 때를 기다렸다 닭을 훔쳐 집으로 돌아왔어. 잭은 다음 날 또 거인의 집 식탁 밑에 숨어 있었어. 거인이 이번에는 하프를 하나 가지고 와 명령하자 하프 혼자서 아름다운 음악을 연주했지.

잭은 거인이 곯아떨어질 때를 기다렸다가 하프를 들고 도망을 치려고 했어. 그러자 그때 하프가 소리쳤어.

"주인님, 도둑이 나타났어요!"

거인은 잠에서 벌떡 깨더니 우레 같은 목소리로 말했어.

"이 녀석, 네가 내 금화와 닭을 훔쳐 갔구나. 가만두지 않겠다."

거인이 솥뚜껑만 한 손을 휘두르자, 잭은 얼른 콩나무를 타고 내려가서는 엄마에게 나무를 베라고 소리쳤지.

엄마가 도끼로 콩나무의 밑둥치를 쾅쾅 쳐서 쓰러뜨리는 바람에 거인은 콩나무에 깔리고 말았어. 잭은 부자가 되어 엄마와 행복하게 살았대.

노루 고기 한 조각에 고양이 두 마리의 가치가 있다는 속담처럼 콩알 하나가 늙은 젖소보다 가치가 훨씬 높았던 거야.

진정한 가치를 알아보는 현명한 눈을 가지기 위해서는 어떤 노력을 해야 할까?

푸름 박사의 생태 이야기

노루는 그늘진 곳을 좋아한다고?

▲ 노루는 빠르게 달릴 수 있지만, 먼 곳을 바라보다 적에게 금방 잡혀.

▲ 노루는 수컷만 뿔이 있고, 암컷은 뿔이 없어.

노루는 한 마리의 수컷이 한 마리의 암컷하고만 짝을 짓나요?

    노루는 높은 산부터 얕은 산까지 우리나라 산속에서 쉽게 볼 수 있는 순한 동물이야. 산속에 사는 다른 동물들은 추운 계절이 올수록 햇볕이 잘 드는 따뜻한 곳을 좋아하지만, 노루는 추운 겨울에도 그늘진 곳을 좋아해.
    노루는 왜 그늘진 곳을 좋아하는 걸까? 겁이 많아서 호랑이나 곰, 늑대 같은 사나운 동물이나 사람에게 쉽게 들키지 않기 위해서일까? 노루가 그늘진 곳을 좋아하는 것은 몸에 지방이 적은 노루의 체질 때문이란다. 또 다른 이유는 노루의 피부에 알을 품는 등에 같은 벌레 때문이야.
    등에는 벌처럼 생긴 작은 곤충이야. 등에의 암컷 중에는 소나 말, 양 같은 동물의 몸에 붙어 피를 빨아먹고 사는 종도 있는데, 초가을이 되면 등에가 노루의 몸에 알을 품어 그 알에서 애벌레가 깨지. 만약 햇볕이 잘 드는 곳이라면 이 애벌레들이 더 활발하게 움직이기 때문에 노루의 몸을 아주 가렵게 만들 거야. 그래서 노루는 햇볕이 잘 드는 양지가 아닌 그늘진 곳을 찾게 되는 거라고 해.

노루 암컷은 4월이 되면 높은 산으로 올라가 한 마리나 두 마리의 새끼를 낳아. 노루 새끼는 태어난 지 한 시간만 지나도 걸을 수 있고, 며칠만 지나면 엄청 빠른 속도로 달릴 수 있지. 노루는 한 번에 6~7미터도 뛸 수 있을 만큼 빨리 달릴 수 있어서 위험이 닥쳐도 금방 도망갈 수 있단다.

> 노루는 한 마리의 수컷이 여러 마리의 암컷과 짝을 짓는 것으로 알려져 있답니다.

노루의 나이를 알 수 있는 뿔

노루의 암컷은 머리에 뿔이 없지만, 수컷의 머리에는 뿔이 있어. 그런데 이 뿔만 보고 노루의 나이를 알 수 있단다. 태어나 한 살 정도 된 노루는 뿔 가지가 하나야. 세 살 정도 되면 두 개, 다섯 살 이상 된 노루는 세 개가 된단다. 노루 수컷들은 암컷을 차지하려고 이 뿔로 다른 수컷들과 힘겨루기를 하기도 해. 노루 고기나 노루의 피가 사람 몸에 좋다고 해서 사람들은 노루를 많이 사냥해 왔어. 그래서 노루 고기가 가치 있다고 하는 말이 나왔을 거야. 하지만 더 이상 사람의 이기심으로 무분별한 사냥을 계속해서는 안 되겠지?

▶ 노루의 뿔은 짧고 뿔 가지가 셋이야.

다시 읽는 세계 속담 15 · 네덜란드

어리석은 자는 독수리의 날개와 올빼미의 눈을 가졌다

한 시골 마을에 할머니와 할아버지가 살았어. 어느 날 할머니와 할아버지가 생강가루를 섞은 밀가루를 반죽해 아이 모양으로 빚어 오븐에 넣었더니 웬 아이의 목소리가 들렸어.

"여긴 너무 뜨거워요. 어서 꺼내 주세요!"

오븐을 열자 생강 빵 하나가 뛰쳐나왔어. 할아버지와 할머니는 노래를 부르며 달아나는 생강 빵 아이를 쫓아갔지.

"난 할아버지, 할머니에게서 달아날 수 있지!"

그때 들에 있던 젖소가 생강 빵 아이를 보고 쫓기 시작했어.

"난 젖소에게서 달아날 수 있지."

그때 길을 가던 개가 생강 빵 아이를 보고 쫓기 시작했어.

"난 개에게서 달아날 수 있지."

그때 먹이를 찾던 돼지가 생강 빵 아이를 보고 쫓기 시작했어.

"난 돼지에게서 달아날 수 있지."

그런데 얼마 안 가 강이 나타났어. 그때 여우가 나타났어.

"생강 빵 아이야, 내 등에 올라타. 내가 강을 건너게 해 줄게."

생강 빵 아이는 여우 등에 올라타고 노래를 불렀어.

"나는 할머니, 할아버지, 젖소, 개, 돼지에게서 달아날 수 있지."

하지만 강을 건너자마자 여우는 생강 빵 아이를 날름 먹어 버렸어. 빠른 발을 가졌지만 잘못 판단한 생강 빵 아이처럼, **독수리처럼 강한 날개가 있어도 올빼미의 눈을 가졌다면** 어리석은 행동을 하기가 쉬울 거야.

자신의 장점만 믿고 가볍게 행동하다가는 잘못된 판단을 할 수 있단다.

 푸름 박사의 생태 이야기

올빼미는 눈이 안 좋을까?

"올빼미, 소쩍새, 부엉이는 모두 비슷하게 생겼어요."

검독수리는 바람과 상승 기류를 잘 활용해서 날개를 많이 움직이지 않아도 크게 힘을 들이지 않고 먼 거리를 날 수 있는 몸 구조를 가졌어. 게다가 독수리 같은 새들은 눈이 머리의 양쪽 옆에 있어서 아주 넓은 범위를 볼 수 있어. 즉 시야가 넓지. 하지만 올빼미 같은 새는 두 눈이 앞쪽을 향해 있기 때문에 넓은 범위를 한눈에 볼 수는 없어. 시야가 좁은 거야. 그렇다면 올빼미는 시력도 좋지 않은 걸까?

올빼미는 우리나라 논밭이나 오래된 나무 구멍 등에서 살아가는 텃새야. 수리부엉이나 독수리처럼 작은 짐승을 잡아먹고 사는 맹금류지. 올빼미는 주로 밤에만 활동하는 야행성 동물이라서 낮에는 거의 움직이지 않고 나뭇가지에서 쉬어. 하지만 사람이 다가가면 빛이 있는 쪽을 향해 날기도 해. 사실 올빼미는 빛에 민감한 눈을 가지고 있기 때문에 거의 움직이지 않는 낮에는 눈꺼풀을 반만 열고 수풀 속에 숨어 있

▲ 올빼미는 낮에는 거의 눈꺼풀을 반만 열고 나무나 수풀 속에 숨어 있는데, 밤이 되면 눈동자가 더 크게 열려.

어. 그러다가 빛이 없는 어두운 밤이 되면 눈동자가 아주 크게 열려. 그래서 어둠 속에서도 잘 볼 수 있어. 게다가 올빼미는 목을 사방으로 돌릴 수 있기 때문에 먹잇감을 더 쉽게 발견할 수 있지. 눈만 좋은 게 아니라 귀도 아주 밝아서 사냥감이 부스럭거리는 소리만 듣고도 어느 정도 떨어져 있는지 알아낼 수 있단다.

▲ 올빼미는 목을 사방으로 돌릴 수 있어.

특히 올빼미는 날아오를 때 거의 소리를 내지 않기 때문에 먹잇감이 알아채지 못하는 사이 순식간에 사냥을 할 수 있단다.

> 소쩍새와 부엉이는 머리 꼭대기에 2개의 귀처럼 생긴 깃이 있지만 올빼미는 없답니다.

올빼미 귀가 밝은 이유

올빼미는 밤에 활동하기 좋은 눈과 귀를 가지고 있어. 귀가 밝은 고양이나 개보다도 몇 배나 소리를 잘 듣는다고 해. 올빼미 귀가 밝은 이유는 양쪽 귀의 구조 때문이야. 올빼미의 귀는 오른쪽과 왼쪽이 서로 어긋나게 붙어 있어. 즉 오른쪽 귓구멍이 왼쪽보다 아래로 살짝 쳐져 있기 때문에 아래의 소리를 더 잘 들을 수 있지. 한쪽 귀는 위의 소리를, 한쪽 귀는 아래의 소리를 들으면서 사냥감이 있는 공간, 즉 어디에 얼마나 떨어져 있는지를 알아챌 수 있는 거란다.

▶ 올빼미는 사냥감의 위치를 알아채 순식간에 사냥을 한단다.

개미가 모이면 나무를 뒤흔든다

옛날 한 할아버지가 밭에 작은 순무 씨앗을 하나 심었어.

할아버지는 매일 순무가 싹을 틔우고 떡잎을 내고, 줄기가 자라오르는 것을 살폈어. 어느덧 순무는 훌쩍 자라 할아버지 키를 넘었지. 할아버지는 땅속에 있는 순무를 캐기로 하고, 두 손으로 무청을 꽉 잡았어. 그런데 아무리 해도 순무가 꼼짝하지 않았지.

"할멈, 순무 뽑는 것 좀 도와주오."

할아버지는 무청을, 할머니는 할아버지의 허리를 붙잡았어. 영차영차, 아무리 당겨도 순무는 뽑히지 않았어.

할머니는 손녀딸을 불렀어.

"얘야, 순무 뽑는 것 좀 도와주렴."

할아버지는 무청을, 할머니는 할아버지의 허리를, 손녀딸은 할머니의 허리를 붙잡았어. 영치기영차, 그래도 소용없었어.

손녀딸은 검둥개를 불렀어. 검둥개는 쫄래쫄래 달려와 손녀딸의 허리춤을 입으로 앙 물었어. 영치기영차, 그래도 순무는 뽑히지 않았어. 검둥개는 고양이를 불렀어. 그래도 힘이 모자라 이번에는 고양이가 생쥐를 불렀어. 영치기영차! 모두 같이 힘을 준 순간, 굳었던 흙이 우지끈하고 열리더니 커다란 순무가 쑥 뽑혀 나왔지.

개미가 모여 나무를 뒤흔든다더니, 할아버지 혼자서 잡아당길 때는 안 뽑히던 커다란 순무가 여럿이 힘을 합하니 뽑히고 말았단다.

혼자서는 할 수 없었던 일을 친구들 또는 가족들과 힘을 합쳐 해낸 적이 있니?

푸름 박사의 생태 이야기

천하장사 개미가 있다고?

개미가 버섯 농사를 짓다니 정말 놀랍네요.

개미는 무리 생활을 하며 서로 힘을 합해 사는 곤충이지만, 아무리 개미 여러 마리가 힘을 합한다고 해도 순식간에 나무를 흔들거나 무너뜨리는 것은 무리일 거야. 그래도 개미 한 마리의 힘으로 하지 못하는 것을 여러 마리가 힘을 합해 해내는 것만은 분명해. 개미들은 힘을 합해 함께 살 커다란 집을 짓기도 하고, 자신들보다 몸집이 훨씬 큰 먹잇감을 옮기기도 하거든. 그런데 자기 몸무게의 50배가 넘는 무게를 옮기는 천하장사 개미가 있어. 그 주인공은 바로 우리나라에서 '잎꾼개미'로 불리는 개미야. 남아메리카나 중앙아메리카, 미국 남부 지방이나 멕시코 등에 사는 개미인데 나뭇잎이나 식물을 잘라서 옮긴다고 해서 '가위개미'라고도 불러. 더 놀라운 사실은 이 잎꾼개미들이 나뭇잎을 잘라 옮겨서 농사를 짓는다는 사실이야. 잎꾼개미들은 자기 몸의 몇

▲ 잎꾼개미들은 나뭇잎을 자르고, 자기 몸집보다 커다란 나뭇잎도 거뜬히 옮긴단다.

배나 되는 커다란 잎을 모아 땅속에 있는 개미집 안으로 가져가서 아주 잘게 잘라. 그리고 이 잘게 자른 잎 조각들을 씹어서 축축한 반죽으로 만든 다음에 이 반죽에 버섯 홀씨를 심어. 그러면 거기에서 버섯이 자라난단다. 잎꾼개미는 이렇게 기른 버섯을 먹고 사는데, 특히 애벌레들은 이 버섯에서 영양분을 충분히 얻으며 자라. 잎꾼개미는 식물들을 마구 잘라 가기 때문에 농작물에 피해를 주는 한편, 버섯을 기르는 커다란 집을 지으면서 흙 속을 이리저리 다니는 과정에서 공기가 잘 통하게 해서 땅을 더 기름지게 만들기도 한단다.

> 잎꾼개미는 5000~6000만 년 전부터 버섯 농사를 지었다고 해요.

베를 짜 집을 짓는 베짜기개미

잎꾼개미처럼 자신들이 먹을 먹이를 직접 농사짓는 개미가 있는가 하면, 실로 베를 짜듯 나무 위에 나뭇잎을 이어 집을 만드는 개미가 있어. 바로 '베짜기개미'야. 베짜기개미는 자신들의 집이 될 만한 나뭇잎을 찾아 말아 올리고는 서로 허리를 물어 잎을 이어. 그런 다음 애벌레를 입에 물고는 애벌레 몸에서 나오는 실로 나뭇잎을 서로 엮지. 이렇게 나무 위에 100개도 넘는 집을 짓고는 수십만 마리의 개미가 함께 살아. 베짜기개미는 자신들의 둥지를 공격하는 적에게는 사나워지기 때문에, 전갈처럼 큰 동물도 순식간에 먹이로 만들어 버린단다.

▲ 베짜기개미가 집을 짓고 있는 모습이야.

83

다시 읽는 세계 속담 17 — 터키

오이는 푸른색일 때 먹어야 하고, 멜론은 노란색일 때 먹어야 한다

러시아의 소설가 톨스토이가 여행길에 올랐을 때의 일이야. 시골길을 걷는데 한 꼬마 소녀와 엄마가 걷고 있었고, 꼬마 소녀는 톨스토이가 메고 있는 작은 가방을 눈여겨보느라 톨스토이 옆에 바짝 붙어 걸었지. 그러자 엄마가 소녀를 나무랐어.

"모르는 분께 그러면 실례야. 이리 오렴."

"나 저 가방 갖고 싶단 말이에요. 저 꽃 가방 말이에요."

소녀는 빨간 꽃이 작게 수놓인 톨스토이의 가방을 갖고 싶었던 거야. 톨스토이는 소녀의 떼가 잠잠해지기를 기다렸지만, 소녀는 이내 앙 하고 울음을 터뜨렸어.

톨스토이는 소녀에게 차분히 말했어.

"얘야, 이 가방은 지금 아저씨에게 꼭 필요하단다. 다른 가방이 생기면 그때 이 가방을 너에게 꼭 줄게. 그러니 뚝 그치렴."

소녀는 그제야 겨우 울음을 그치고 엄마를 따라갔어.

톨스토이는 꼬마 소녀의 울던 모습이 자꾸 떠올라 마음이 편치 않았지. 며칠 뒤 톨스토이는 소녀에게 가방을 주기로 마음먹고 물어물어 소녀의 집으로 갔어. 그런데 소녀의 엄마가 검은 옷을 입고 울고 있지 뭐야. 알고 보니 톨스토이를 만난 그 다음 날 갑작스런 사고로 소녀가 세상을 떠난 거야. 톨스토이는 소녀의 무덤을 찾아가 가방을 놓으며 말했단다.

"아저씨가 늦었지? 그때 바로 줬으면 좋았을 텐데 미안하구나."

오이는 푸른색일 때 먹어야 하고 멜론은 노란색일 때 먹어야 한다고, 톨스토이는 제때를 놓쳤다는 생각에 후회의 눈물을 흘렸단다.

어떤 일을 할 때 마땅한 때를 놓쳐 후회를 해 본 적이 있니?

푸름 박사의 생태 이야기

오이 열매는 암꽃에서 나온다고?

▲ 오이는 박과에 속하는 식물로, 열매가 길쭉하게 열려.

▲ 오이는 한그루에 암꽃과 수꽃이 따로 피어.

누렇게 익은 오이는 먹을 수 없나요?

　길쭉한 몸에 가시처럼 생긴 오톨도톨한 돌기가 나 있는 오이를 모르는 사람은 거의 없을 거야. 그냥 먹어도 시원하고, 밥반찬으로도 요리 재료로도 아주 널리 쓰이는 오이는 주로 먹으려고 심어서 기르는 한해살이 덩굴 식물이야. 호박이나 참외처럼 덩굴손이 다른 물체를 감으면서 자라나는 박과 식물이지. 원산지는 북부 인도로 추정되고, 우리나라로는 약 1500년 전에 들어왔다고 해.

　오이 줄기에는 자잘한 가시털이 잔뜩 나 있고 진한 초록색 잎에도 까끌까끌한 털이 나 있어. 오이는 봄에 씨앗을 뿌려 여름에 열매를 따 먹을 수 있는데, 여름이 되면 잎겨드랑이에서 노란 꽃이 피어. 그런데 오이는 한그루에서 암꽃과 수꽃이 따로 피어. 우리가 먹는 오이의 열매는 암꽃의 씨방이 자라난 부분이야. 신기한 것은 오이의 꽃눈이 처음에는 암수 구별이 없다가 점점 자라나면서 영양 상태나 온도 등의 환경에 따라 암꽃과 수꽃으로 결정된다는 거야. 수꽃은 꽃 아랫부분이 줄기로 연결되어 있지만, 암꽃은 아랫부분이 길쭉한 오이 모양이야. 얼핏 보면 노란 암꽃과 수꽃이 비슷하게 생겼지만 암꽃에는 수술이 없단다.

오이는 덩굴손이 타고 올라갈 버팀대만 잘 세워 주면 기르기가 아주 쉬운데, 진한 초록색 열매가 익을수록 점점 누런색으로 변하고 다 익은 열매 속에는 길쭉한 씨앗들이 들어 있어. 보통 우리가 먹는 아삭아삭한 오이는 누렇게 완전히 익기 전 푸르스름할 때 딴 오이란다.

누렇게 완전히 익은 오이는 '노각'이라고 부르는데, 껍질과 씨를 없애고 무쳐 먹거나 장아찌로 만들어 먹기도 하지요.

약으로도 쓰이는 오이

오이는 물이 많아서 수분이 부족할 때 그냥 먹거나 피클, 절임 등으로 많이 해 먹는 채소야. 영양 성분이 아주 많지는 않지만, 소화나 변비에도 좋고 몸속의 찌꺼기를 밖으로 내보내는 역할을 하기 때문에 건강에 좋은 채소로 알려져 있어. 또 열을 식혀 주는 효과와 염증을 가라앉히는 효과도 있어서 불에 데었을 때 상처에 바르면 효과가 있단다. 뿐만 아니라 피부를 하얗게 하고 수분을 보충하는 역할을 하기도 해서 화장품이나 비누 등의 미용 재료로도 많이 쓰여. 약이 부족하던 옛날에는 비상약으로 쓰기 위해 오이 꼭지를 집 안에 두기도 했다고 해.

▼ 오이는 다양하게 쓰여.

다시 읽는 세계 속담 18 — 반투족

새끼 표범은 표범의 반점도 물려받는다

한 시골 마을에 환자의 몸이나 주변 관찰 능력만 뛰어난 돌팔이 의사가 있었어. 어느 날 한 남자가 병원에 왔어.

"할머니가 산에 다녀오더니 배가 아프다며 끙끙 앓으세요."

의사는 할머니를 찬찬히 살피던 중 할머니의 외투 주머니에 있는 버섯을 보았어. 독버섯을 먹고 탈이 난 게 틀림없었지. 의사는 빨간 열매를 갈아 만든 물을 약이라며 주고 사흘이면 나을 거라고 했어. 의사 말대로 사흘 후 토하고 설사하는 게 나았어. 사실은 시간이 지나면 나을 병이었지.

돌팔이 의사에게 아들이 하나 있었는데, 아들도 자라며 보고 들은 대로 의사 노릇을 했어. 어느 날 한 남자가 다급하게 아들의 병원에 왔어.

"저희 아들이 배가 아프다고 데굴데굴 구르고 있습니다."

아들 의사가 남자의 집으로 가서 보니, 남자의 아들은 불룩해진 배를 움켜쥐고 울고 있었지. 아들 의사는 아버지가 하던 대로 환자와 그 주변을 살폈어. 그런데 방 한구석에 나무 새총과 돌멩이가 잔뜩 있는 거야.

아들 의사가 진지하게 말했어.

"아무래도 아드님이 돌멩이를 너무 많이 먹은 것 같군요!"

그러자 남자가 의사에게 소리쳤어.

"바보도 아닌데 돌멩이를 왜 먹겠소? 순 돌팔이 의사 아니오?"

아들 의사는 의사 노릇을 그만두었어. **새끼 표범이 반점을 물려받듯** 아들 의사가 아버지에게 잘못된 것을 물려받아 큰일을 낼 뻔했지 뭐야.

엄마나 아빠와 닮은 점을 떠올려 봐.
혹시 그중에 마음에 드는 것과
마음에 들지 않는 것이 있니?

푸름 박사의 생태 이야기

몸에 반점이 없는 표범도 있을까?

얼룩말의 줄무늬나 표범의 반점이나 모두 야생에 적응하기에 유리하겠죠?

▼ 표범(왼쪽), 재규어(가운데), 치타(오른쪽)는 비슷해 보이지만, 몸의 반점으로 구분할 수 있어.

표범은 사자, 호랑이, 재규어 들처럼 초식 동물을 잡아먹는 포식 동물이야. 누런 갈색 바탕에 검은색 꽃무늬처럼 마치 꽃이 핀 것 같은 표범 몸의 반점은 표범을 상징하는 대표적인 특징이지. 그럼 몸에 반점이 없는 표범도 있을까? 표범의 종류에 따라 몸 크기나 무늬가 조금씩 다르기는 하지만, 반점이 있는 엄마, 아빠의 표범 사이에서 태어났다면 몸에 분명 반점이 있을 거야. 표범 몸의 반점은 마치 꽃이 피어 있는 것처럼 보이는데, 그 크기나 반점의 간격도 표범의 종류에 따라 모두 달라. 같은 고양이과 동물에 속하면서, 표범과 비슷하게 생긴 재규어나 치타는 몸의 반점으로도 구분할 수 있어. 재규어 몸의 반점은 표범과 비슷한데 그 크기가 훨씬 크고, 가운데 작고 검은 점이 있어. 반면 치타는 그냥 검은 점 모양의 작은 반점이 흩어져 있는 형태야. 치타는 표범이나 재규어보다는 몸매도 훨씬 더 날씬하고 다리가 길어. 그래서 동물의 세계에서는 달리기 선수로 유명해. 치타는 확 트인 넓은 평야에서 가족 단위로 생활하지만, 표범은 산림이나 바위가 많은 어두운 곳에서

▲ 표범(왼쪽), 재규어(가운데), 치타(오른쪽)의 반점 무늬는 조금씩 달라.

홀로 생활해. 표범은 나무를 잘 타서 먹이를 나뭇가지 위에 걸어 두기도 해. 또 야행성이라 어두운 저녁이 되면 사냥에 나서는데, 몸을 땅에 딱 붙이고 아무런 소리 없이 사냥감에게 다가간 다음, 순식간에 뛰어올라 먹이를 사냥하는 사냥꾼이지. 표범은 사자나 호랑이보다는 작지만 나무를 잘 타는 데다가 환경에 적응하는 능력도 뛰어나서 호랑이나 사자가 없는 곳에서는 동물의 왕이라고 해도 지나치지 않을 거야.

하지만 표범은 아름다운 무늬 때문에 사람에게 많이 잡혀 이젠 멸종 위기에 처한 동물이 되었답니다.

여러 지역에서 살아가는 표범

사자나 호랑이, 재규어 같은 고양이과 맹수 중에서 표범은 사람이 사는 마을 주변의 숲에서도 살아갈 수 있는 동물이야. 몸을 숨기는 기술도 뛰어난 데다 영리하고 작은 공간에서도 잘 살아갈 수 있는 환경 적응력이 사자나 호랑이보다도 뛰어나. 게다가 초원이나 정글, 숲이나 사막 등 어떤 곳에서도 살아갈 수 있고, 열대나 냉대, 건조 기후 등 어떤 기후에서도 잘 살아가는 편이야. 표범은 자신에게 위험이 닥칠 상황을 잘 만들지 않고 조심스럽게 피하는 편이지만, 한번 화가 나면 자기보다 강한 상대라고 해도 사정없이 공격한단다.

▶ 나무를 잘 타는 표범은 나뭇가지 위에 먹이를 걸어 두기도 해.

다시 읽는 세계 속담 19 — 영국
종달새 다리 하나가 통째로 구운 고양이 한 마리보다 낫다

어느 날 게와 원숭이가 길을 걷다가, 원숭이는 감 씨를 줍고 게는 주먹밥을 주웠어. 원숭이는 주먹밥이 더 맛있어 보였지.

"게야, 감 씨랑 주먹밥이랑 바꿔 먹자."

그렇게 해서 원숭이는 주먹밥을 날름 먹고, 게는 감 씨를 땅에 심었어. 어느덧 감 씨에서 싹이 나자 게가 말했어.

"감나무야, 빨리 자라지 않으면 싹을 싹둑 잘라 버릴 테다!"

그러자 감나무가 쑥쑥 자라났어. 게가 다시 소리쳤어.

"감나무야, 어서 열매를 맺지 않으면 싹둑 잘라 버릴 테다!"

그러자 감나무에 잘 익은 감이 주렁주렁 열렸어. 그런데 게가 나무에 올라가기는 힘들었어. 그래서 원숭이에게 감 좀 따 달라고 부탁했지. 원숭이는 주렁주렁 열린 감을 보고는 눈이 휘둥그래졌어.

'헉, **종달새 다리 하나가 통째로 구운 고양이 한 마리보다 낫다**더니, 주먹밥보다 감 씨가 훨씬 나왔네!'

원숭이는 감나무에 올라가서는 감을 몽땅 따 먹었어. 화가 난 게는 친구인 절구, 벌, 밤송이에게 원숭이가 한 짓을 말했어. 다음 날 게는 원숭이를 집으로 초대했지. 게의 집으로 간 원숭이에게 게가 춥다며 화로를 가져오자, 화로 안에 숨은 밤송이가 원숭이 얼굴로 튀어 올랐지.

"아얏, 이게 뭐야!"

원숭이가 얼굴을 감싸 쥐고 동동거리자 벌이 날아와 원숭이의 엉덩이를 콕 쏘았지. 원숭이가 빨갛게 부어오른 엉덩이를 잡고 밖으로 나오려고 하자, 문 위에 있던 절구가 원숭이 어깨 위로 뛰어내렸어. 게와 친구들에게 혼쭐이 난 원숭이는 다시는 꾀를 부리지 않겠다고 약속했대.

보기에는 작고 하찮아 보이는 것들이 더 큰 힘을 발휘하기도 한단다.

종달새는 점점 보기 드물어지는 동물이라고?

▲ 종다리는 참새보다 약간 더 큰 새야.

▲ 종다리의 둥지 안에 있는 알이야.

종다리는 아름다운 목소리로 유명한 새죠?

    종달새의 정식 이름은 종다리야. 옛날에는 '노고지리'라고 부르기도 했지. 종다리는 영국과 유럽, 유라시아와 아프리카까지 넓은 지역에 분포하는 새로, 우리나라에서도 전국 어디서나 쉽게 볼 수 있는 텃새였어. 종다리는 풀밭이나 논밭, 간척지 등에 무리 지어 살면서 땅 위에 밥그릇 모양의 둥지를 짓고 살아가지. 종다리는 땅 위를 걸을 때 양쪽 다리를 동시에 움직여 뛰거나 걷지 않고, 양쪽 다리를 번갈아 움직여 걸어다니면서 매미, 파리, 메뚜기 등의 곤충이나 식물의 씨앗 등의 먹이를 찾아. 특히 뒷머리에 나 있는 작고 짧은 머리 깃이 특징인데, 흥분하면 이 머리 깃을 세우기도 해. 그런데 최근에는 농약 등으로 인해 종다리의 수도 점차 줄어들면서 이제는 전처럼 쉽게 찾아볼 수 없는 동물이 되었어. 우리나라에서도 종다리 수가 급격히 줄었는데, 최근에는 하늘을 나는 비행기에 가장 많이 부딪히는 새로 밝혀지기도 했어. 비행기에 부딪히는 새로는 종다리 말고도 멧비둘기, 제비, 황조롱이뿐만 아니라, 멸종 위기종인 수리부엉이나 솔개 등도 있는 것으로 밝혀졌어. 이렇게 자꾸 비행기에 새가 부딪히면 비행기가 고장을 일으킬 수 있을 뿐만 아니라 운항을 방해해서 사람들의 안전을 위협하기도 해. 뿐만 아니라 이렇게 부딪히는 새들의 개체 수를 보존하기도 어려워지기 때문에 절실한 대책이 필요하단다.

봄이 되면 수컷 종다리는 짝짓기를 하기 위해 하늘 높이 올라간 상태에서 날개를 퍼덕이며 크게 노래하죠.

종다리 영어 이름에 숨겨진 비밀

종다리의 영어 이름은 'skylark'이야. '하늘'을 뜻하는 'sky'와 '놀다'라는 뜻을 가진 'lark'이 결합되어 만들어진 이름이지. 이런 이름은 종다리가 하늘 높이 나는 새로 널리 알려져 있고, 하늘 높이 올라간 상태에서 지저귀는 모습이 마치 잘 노는 사람 같아서 붙은 이름이라고 보기도 해.

종다리 수컷은 번식기 때뿐만 아니라 자신의 영역을 알리기 위해 하늘 높이 날아 한곳에 멈추어 지저귀고는 다시 내려앉아. 그리고 둥지로 돌아올 때는 좌우로 흔들흔들며 날아 돌아온단다.

▲ 하늘을 나는 종다리(왼쪽)와 노래하는 종다리(오른쪽)의 모습이야.

다시 읽는 세계 속담 20 — 일본

자벌레는 몸을 펴기 위해 움츠린다

르누아르는 평범한 사람들의 일상을 매우 따뜻하고 부드러운 색채로 표현한 프랑스 화가야. 가난한 재단사의 아들로 태어난 르누아르는 열 세 살 때 도자기 공장에서 도자기에 그림을 그리는 직공으로 일했어. 그러다 스무 살이 넘어 정식 미술 학교에 다니며 그림 공부를 할 수 있었지. 르누아르는 그때부터 붓을 놓지 않았는데, 나이가 들어서 건강이 안 좋아졌어. 류머티즘 관절염이 온몸에 퍼져 서 있을 수도 없었고, 붓조차도 힘껏 쥘 수 없을 정도였지. 하지만 르누아르는 포기하지 않고 휠체어에 앉은 채로 붕대로 손에 붓을 묶어서 천천히 그림을 그렸어. 몸을 움직일 때마다 고통이 일어 그림을 그릴 때면 구슬땀이 뚝뚝 떨어졌지. 하루는 르누아르의 제자가 그 모습을 보고는 물었어.

"선생님, 이렇게 힘든데도 그림을 그리시는 이유가 뭔가요?"

그러자 르누아르가 제자에게 말했지.

"그림을 그릴 때의 고통은 순간이지만, 그림이 갖는 아름다움은 영원하기 때문이라네."

르누아르의 전체 작품 중 병을 앓으면서 그린 그림이 800여 점이야. 얼마나 수많은 고통을 참았는지 알 수 있지? **자벌레가 몸을 펴기 위해 움츠린다**는 속담이 있어. 앞으로 나아가기 위해 몸을 구부렸다 움츠렸다 하는 수고로움을 마다하지 않는 자벌레처럼 르누아르도 영원한 아름다움을 위해 고통을 참은 것이란다.

**작은 목표라도 그 목표를 이루기 위해
어려움을 참아 본 적이 있니?**

푸름 박사의 생태 이야기

자벌레가 몸을 움츠리는 이유는?

자벌레가 몸을 펴기 위해 움츠린다는 말은 무슨 뜻일까?

그 물음의 답은 자벌레가 기어가는 모습에 있어. 자벌레는 자나방의 애벌레로 우리가 흔히 머릿속에 떠올리는 애벌레의 모습처럼 몸이 가늘고 길어. 그리고 몸 색깔은 보통 회색이거나 초록색이야. 그런데 다른 애벌레들과는 다른 점이 있어. 자벌레는 가슴에 세 쌍의 발과 배 끝에 한 쌍의 발이 있지만, 진짜 발은 아니기 때문에 제구실을 하지 못하지. 그래서 자벌레가 기어가는 모습도 아주 특이해.

자벌레는 기어갈 때 몸의 앞부분을 쭉 뻗은 다음, 꼬리 부분을 가슴 가까이까지 당겨서 몸을 고리처럼 만들어. 이렇게 꼬리를 가슴 쪽으로 붙였다 떼었다 하면서 앞으로 조금씩 기어가. 마치 우리가 손으로 한 뼘, 두 뼘 길이를 재는 것처럼 말이야. 자벌레가 기어가는 모습도 마치 자로 재는 것 같다고 해서 '자벌레'라는 이름이 붙은 거야.

자벌레는 몸이 나뭇가지나 식물의 줄기랑 비슷해서 구분이 잘 안 되

자벌레의 몸은 마치 작은 나뭇가지 같네요.

▶ 자나방의 애벌레인 자벌레는 몸이 식물의 줄기와 비슷해.

▲ 자벌레가 기어가는 모습이야.

기도 하는데, 자신을 해치려는 적이 다가오면 꼼짝하지 않고 나뭇가지 마냥 가만히 붙어 있어. 자벌레는 잎을 갉아먹고 살면서 과수원이나 나무숲에 피해를 주기도 해. 더 심각하게는 나무가 자라는 것을 방해하기도 한단다.

자벌레가 식물의 가지나 줄기로 위장해서 자신의 몸을 보호하는 전략이기도 하지요.

몸이 나무껍질과 비슷한 자나방

자벌레가 자라서 어른벌레가 된 것이 자나방이야. 자나방은 전 세계에 널리 퍼져 있고 지금까지 알려진 종류만도 2만 3천여 종이 훨씬 넘어. 우리나라에만도 약 8백여 종이 살고 있지. 자나방은 다른 나방과는 달리 몸이 가늘지만 날개는 아주 커. 큰 날개 때문인지 힘차게 날지는 못하는데, 나무 위에 앉을 때는 날개를 수평으로 쫙 펼쳐 놓아. 그런데 자나방의 날개 색깔이나 무늬가 마치 마른 나뭇잎이나 나무껍질과 비슷해서 날개를 펴고 나무 위에 앉아 있으면 나무껍질과 잘 구분이 안 된단다. 열대 지방에 사는 자나방 중에는 날개가 화려한 것도 있다고 해.

▶ 자나방의 날개와 나무가 잘 구분이 안 되기도 해.

다시 읽는 세계 속담 21 · 미얀마

훌륭한 나무 한 그루에 만 마리 새가 머무를 수 있다

옛날 한 산골 마을에 할머니와 할아버지가 살았어. 어느 날 할머니가 냇가에서 빨래를 하는데 복숭아 하나가 떠내려왔지.

할머니가 복숭아를 자르니 그 안에서 사내아이가 나온 거야. 할아버지와 할머니는 아이를 '모모타로'라고 부르며 정성껏 키웠지.

모모타로가 열 살이 되던 해, 마을에 도깨비가 나타나 사람을 잡아갔어.

"제가 도깨비를 잡아 올게요. 수수경단 반 말만 해 주세요."

할아버지와 할머니는 걱정이 되었지만 모모타로의 뜻대로 해 주었어. 모모타로가 떡을 먹으며 길을 걷는데 개 한 마리가 나타나 말을 걸었지.

"수수경단 하나 주면 나도 함께 가지."

모모타로는 개에게 수수경단을 하나 주고 개와 함께 길을 갔어. 그런데 웬일인지 원숭이와 꿩이 차례로 나타나 수수경단을 달라는 거야. 모모타로는 원숭이와 꿩에게도 수수경단을 주었어.

그렇게 모모타로는 개와 원숭이, 꿩과 함께 도깨비 섬에 다다랐어. 모모타로는 몽둥이로 도깨비가 사는 동굴을 마구 두드렸지.

"거 되게 시끄럽네. 대체 누가 도깨비의 단잠을 깨우는 거야?"

도깨비가 동굴 밖으로 나오자 개는 이빨로 물고 원숭이는 손톱으로 할퀴고 꿩은 부리로 쪼아 도깨비를 물리치고 마을 사람들을 모두 구했지.

훌륭한 나무 한 그루가 만 마리 새를 머무르게 하듯 배짱 좋은 모모타로 덕에 마을 사람들 모두가 목숨을 구할 수 있었단다.

많은 사람에게 도움을 줄 수 있는 일에는 어떤 것이 있을까? 주위의 작은 일부터 생각해 보자.

푸름 박사의 생태 이야기

아프리카 사람들을 살리는 나무가 있다고?

바오밥나무는
세계적으로도
큰 나무 중 하나죠?

해마다 열매를 맺는 튼튼한 나무라면 오래오래 수많은 동물들에게 먹을 것과 쉬어 갈 그늘을 내줄 수 있을 거야. 나무는 새들에게도 이로움을 주지만, 사람들에게도 큰 이로움을 주는 고마운 존재야. 그런데 특히 아프리카 사람들에게 생명과도 같은 나무가 있어. 바로 '바오밥나무'야. 바오밥나무는 아프리카와 마다가스카르, 아라비아반도, 오스트레일리아 등에 사는데, 마치 뿌리가 위로 향해 있는 것처럼 보이기도 하고 거꾸로 자라고 있는 것 같은 모습이 아주 특이한 나무야. 몸통은 아주 두껍고 키가 10미터 이상 될 정도로 큰 편인데, 보통 건조한 지역에서도 잘 자랄 수 있게 나무의 내부에 물을 저장하고 있지. 그런데 이 나무가 왜 아프리카 사람들에게 생명과도 같을까? 아프리카 사람들은 바오밥나무가 신이 세상을 만들 때 최초로 생긴 나무라고 생각하며 아

▲ 바오밥나무는 뿌리가 위로 나 있는 것처럼 보여.

▲ 아프리카 사람들은 바오밥나무에 구멍을 뚫어 그 안에서 살기도 해.

주 신성한 나무로 여긴다고 해. 바오밥나무는 비가 잘 내리지 않는 곳이라도 수천 년을 살아가는 데다가, 하얀 꽃을 피우는데 아프리카에서는 하얀색이 우주 창조를 뜻하기 때문에 바오밥나무가 신을 대신하는 존재라고 생각한다는 거야. 실제로 바오밥나무 열매는 아프리카 사람들에게 식량이 되고 땔감이 되며 약으로도 쓰이기 때문에 아프리카 사람들을 살리는 나무라고 해도 지나치지 않을 거야.

▲ 바오밥나무 열매(왼쪽)와 하얀 꽃(오른쪽)의 모습이야.

이 나무를 신성하게 여기는 아프리카 사람들은 나무에 구멍을 뚫어 그 안에서 살기도 하고 죽은 사람을 바오밥나무에 묻기도 해. 그래서 아프리카에서는 바오밥나무를 해치면 신이 노여워해서 뱀에게 공격을 받는다고 믿기도 한단다.

약으로도 쓰이는 바오밥나무 열매

바오밥나무 열매는 마치 조롱박처럼 둥그렇고 길쭉해. 보통 20년 이상 산 바오밥나무에만 열매가 열리는데, 나무 한 그루에 200여 개의 열매가 열린단다.
열매 안에는 끈끈한 과육이 있어서 이걸 주스로 만들어 먹기도 하지. 또 이 열매는 '말라리아'라는 질병 치료에 효과가 있고, 씨앗은 해독 작용을 한다고 해. 바오밥나무의 껍질이나 잎은 염증이나 열병을 치료하는 데 쓰기도 하고, 나무껍질의 성분은 튼튼한 밧줄이나 옷을 만드는 데 쓰기도 한단다.

▶ 바오밥나무 열매로 만든 주스야.

아주 오래 사는 나무라서 5천 년을 사는 바오밥나무도 있답니다. 열매 달린 모양이 쥐가 달린 것 같다고 해서 '죽은쥐나무'라고도 하지요.

원숭이는 거울로 자기 모습을 바라보면서 자신을 가젤이라고 상상한다

옛 그리스에 '나르시스'라는 얼굴이 아주 고운 목동이 있었어. 뭇 아가씨들과 요정들은 하루에도 여러 번 고백을 했지만 나르시스는 그때마다 차갑게 거절했지.

"난 당신을 사랑하지 않아요."

결국 요정들은 나르시스의 차갑고 거만한 모습에 화가 났어. 그래서 어떻게 벌을 줄까 고민하다 사랑의 신 에로스에게 부탁을 했어.

"에로스 님, 당신의 황금 화살로 나르시스를 혼내 주세요."

에로스는 나르시스가 양 떼에게 물을 주려고 연못으로 향할 때 그 뒤를 따라갔어.

"아, 목말라. 나도 물 좀 마셔야겠어."

나르시스가 물을 마시려고 연못 가까이 몸을 숙였어. 바로 그때 에로스의 황금 화살이 나르시스의 몸을 맞혔어. 이 화살은 맞은 후에 처음 본 사람을 죽을 때까지 사랑하는 마법에 빠지게 만들지. 나르시스는 물 위에 비친 자신의 모습과 사랑에 빠지고 말았어.

나르시스가 웃으면 물 위의 사람도 웃고, 나르시스가 움직이면 물 위의 사람도 움직였지.

"아, 당신은 어째서 이토록 저를 애태우시나요?"

나르시스는 결국 물가를 떠나지 못하고 그 자리에서 죽고 말았어.

원숭이가 거울을 보며 자신을 가젤이라고 상상하는 것처럼 스스로에 대한 지나친 자신감 때문에 결국 죽고 만 나르시스가 숨을 거둔 자리에 수선화가 피었다고 해서 수선화의 꽃말은 '자기 사랑'이란다.

다른 사람을 무시하면서 자신만 지나치게 사랑하는 것이 진정한 사랑이라고 할 수 있을까?

푸름 박사의 생태 이야기

가젤의 뿔은 하프를 닮았다고?

가젤 중에 뿔이 없는 가젤도 있나요?

　아프리카 초원에서 삼삼오오 모여 우아한 자태를 뽐내는 동물 중 하나가 바로 가젤이야. '가젤'이라는 이름은 아라비아어로 '아름답다', '우아하다'라는 뜻을 지니고 있어. 가젤은 소과에 속하는 영양류로 사슴을 닮은 동물이야. 갈색빛의 짧은 털에 몸통 옆으로는 가로 줄무늬의 반점이 있고, 무엇보다도 머리의 하프처럼 생긴 뿔이 아름다운 동물이지. 섬세하고 우아한 외모만큼 날렵한 동작으로도 유명한데, 빠르게 달리기 알맞게 몸통과 발이 가느다랗고 발굽은 작아.

▼▶ 가젤은 종류에 따라 생김새나 뿔 모양도 다양해.

가젤은 사바나, 사막 등 뜨겁고 건조한 지역에서 다양한 풀을 먹으며 잘 적응하는데, 먹이나 계절이 바뀜에 따라 이동하며 살아가지.

아프리카에는 가젤처럼 다양한 영양류 동물들이 살고 있는데, 그 종류에 따라 몸 크기나 생김새도 다양해. 특히 머리에 달린 뿔도 제각각이지. 암수 모두 뿔을 가지고 있는 영양이 있고, 수컷만 뿔을 가지고 있는 영양이 있어. 가젤처럼 하프 모양의 뿔을 가지고 있는 영양류가 있는가 하면, 삽 모양의 긴 뿔을 가지고 있는 것, 나사 모양으로 비틀어진 뿔을 가지고 있는 것, 창 모양의 뿔을 가지고 있는 것, 고리 모양의 융기가 있는 뿔을 가진 것 등 아주 다양해. 아프리카 사람들 중 어떤 이들은 고기로 먹기 위해 영양류를 사냥하거나 일부러 기르기도 해. 하지만 마구잡이로 사냥한 탓에 그 숫자가 많이 줄어서 어떤 종류의 영양류는 멸종 위기에 처해 있단다.

> 대부분의 가젤 암수는 하프 모양의 뿔이 있지만, 갑상선가젤의 암컷은 뿔이 아예 없거나 퇴화되었답니다.

가젤의 대표 달리기 선수

가젤 중에서 가장 빠른 달리기 선수는 톰슨가젤이야. 눈 주변의 흰색 고리와 눈 아래에서 코까지 연결된 검은색 줄무늬가 특징이지. 가젤 종류 중에서 몸집이 작고 가벼워서 동작 또한 아주 날렵해. 사자나 치타와 같은 적이 나타나면 시속 80~90킬로미터의 속도로 아주 빠르게 도망칠 수 있어. 다른 가젤이나 영양류들보다 건조한 기후에도 아주 잘 적응하지. 보통 10~15년을 사는데, 일 년에 한 번씩 새끼를 낳는 다른 가젤들과는 달리 새끼를 일 년에 두 번씩 낳을 수 있어. 하지만 서식지가 점점 파괴되고 개체 수가 줄면서 멸종 위기 등급 취약종으로 정해져 보호받고 있단다.

▶ 톰슨가젤의 모습이야.

배부른 비둘기에게는 버찌도 쓰다

다시 읽는 세계 속담 23 / 프랑스

레오나르도 다 빈치는 〈모나리자〉, 〈최후의 만찬〉과 같은 명작을 남긴 이탈리아의 화가이자 조각가야. 다 빈치가 성경 속에 나오는 〈최후의 만찬〉을 그리던 때였어. 간신히 예수 모델을 해 줄 청년을 찾았는데, 청년은 열심히 일해 얼굴도 밝고 인자한 기품이 넘쳐흘렀지.

"성당 벽에 예수를 그리려는데 모델이 되어 줄 수 있겠소?"

"그럼요, 저에게 오히려 영광이지요."

몇 해 후, 다 빈치는 유다의 모델을 찾기 시작했어. 유다는 예수를 배신해 죽게 만든 인물인 만큼 간사한 느낌의 사람이 필요했지. 어느 날 다 빈치는 떠돌이들이 모여 사는 소굴에서 사악한 눈빛에 흉측한 얼굴을 한 남자를 찾아냈어.

이보시오, 미안하오만 유다의 모델이 되어 주지 않겠소?"
그러자 그 사람이 간사한 눈빛으로 말했어.
"돈을 얼마나 주시려오?"
다 빈치가 원하는 만큼 주겠다고 하자, 그 사람이 씁쓸히 웃었어.
"실은 내가 예수 모델을 했던 그 사람이라오."
다 빈치가 깜짝 놀라 자세히 보니 정말 같은 사람이었지. 그동안 술과 도박에 빠져 놀기만 하던 남자는 완전히 다른 사람이 되어 있었던 거야.

배부른 비둘기에게는 버찌도 쓰다는 말처럼 다 빈치의 모델도 풍족하고 행복하던 시절의 소중한 일상을 소홀히 하다 결국 절망에 빠진 거야.

모든 것이 만족스럽고 행복한 때일수록
작은 것이라도 주위의 고마운 것들에
감사하는 마음을 잃지 않는다면
더 풍요로운 마음을 얻게 될 거야.

푸름 박사의 생태 이야기
도시의 비둘기가 살이 찌는 이유는?

▲ 도심에서 흔히 볼 수 있는 집비둘기야.

흔히 평화를 상징하는 새 하면 떠올리게 되는 비둘기는 비둘기 무리에 속한 새들을 통틀어 말해. 전 세계에 300여 종이 퍼져 있는데, 우리나라에서는 멧비둘기를 쉽게 볼 수 있어. 특히 공원이나 아파트, 주택가 등 도심에서도 흔히 볼 수 있는 통통하게 살이 찐 집비둘기는 리비아가 원산인 바위비둘기를 길들인 것이라고 해. 바위비둘기는 양비둘기와 비슷한데, 양비둘기는 최근 개체 수가 급격히 줄어들어 멸종 위기종으로 보호받는 종이야. 그런데 최근, 도시의 비둘기들이 건물의 난간이나 창문, 에어컨 실외기, 전봇대 등에 둥지를 틀고는 쓰레기 따위를 주워 먹으면서 아무 데나 배설물을 남기고 각종 병균과 세균을 옮긴다고 해서 사람들에게 혐오스러운 동물로 인식되고 있어. 집비둘기는 원래 절벽이나 바위산 등 다른 동물이 알 수 없는 곳에 둥지를 틀지만, 도심에는 그런 자연 공간이 없기 때문에 에어컨 실외기 사이나 건물 난간 등에 둥지를 트는 거야. 게다가 번식력도 강해서 살기 좋은 환경에 있으면 일 년에 4번 이상도 산란을 하기 때문에 꽤 골치를 앓고 있지. 그럼 자연 공간이 아닌 도심에서 비둘기는 어떻게 이렇게 살이 찔 수 있는 걸까? 비둘기가 하루에 필요한 먹이 양은 20~50그램 정도 되는데, 사람

비둘기 배설물은 문화재에도 피해를 준다고 하던데요?

110

◀ 도시의 비둘기들은 최근에 많은 문제가 되고 있단다.

들이 아무렇게나 던져 주는 모이나 길거리에 널린 음식 쓰레기로 하루 필요한 먹이의 양이 채워지는 거야. 더구나 사람들이 던져 주는 과자나 인스턴트 음식엔 지방이나 염분이 많아서 비둘기가 살이 찌는 원인이 돼. 도심의 비둘기로 인한 각종 피해를 줄이고 개체 수를 줄이려면 이렇게 함부로 먹이를 주는 것부터 조심해야 한단다.

굳은 비둘기 배설물과 빗물이 섞이면 화학 작용이 일어나면서 석재나 철 등을 부식시킨다고 해요. 그래서 우리나라에서도 공원의 석탑 등을 유리로 보호하기도 하지요.

강한 비둘기 번식력의 비결

비둘기는 참새처럼 봄이나 여름에 한 번만 새끼를 낳는 다른 새들과는 달리 1년에 2~3번, 많게는 4번 이상도 번식할 수 있어. 그 비결은 바로 비둘기가 새끼 비둘기에게 주는 영양식에 있어. 비둘기는 콩이나 옥수수 같은 곡식이나 풀씨를 미리 쪼아서 먹고는 어느 정도 소화를 시킨 다음에 토해서 새끼에게 주는데, 이것을 '피존밀크'라고 해. 이 피존밀크에는 단백질이나 지방 등 각종 영양분이 들어 있어서 갓 태어난 새끼의 몸무게를 금세 늘릴 뿐만 아니라, 4~6주가 지나면 거의 다 자라서 둥지를 떠날 만큼 자라게 한단다.

▶ 비둘기 둥지의 어미 비둘기와 새끼들의 모습이야.

다시 읽는 세계 속담 24 에스파냐
거북의 등을 깨무는 파리, 그 주둥이가 부러진다

옛날에 인간이 되고 싶은 못생긴 요정, 트롤이 살았어.
"인간처럼 아침마다 빵과 향긋한 커피를 먹고 싶어."
엄마 트롤은 아들과 인간처럼 살기로 하고 숲속 외딴집에서 지냈어. 엄마 트롤은 커피와 빵을 사려면 돈이 필요하다는 것을 알았지. 엄마 트롤은 긴 옷을 뒤집어쓰고 냇가로 가 빨래하는 아낙들에게 말했어.
"그 빨래들 내가 해다 주리다."

트롤에게 빨래는 아주 쉬웠어. 트롤의 마법 가루만 뿌리면 때와 얼룩이 순식간에 빠졌거든. 아낙들은 엄마 트롤에게 동전을 주었어.

엄마 트롤은 빨래터를 다니며 빨래를 대신 해 주고 돈을 받았어. 트롤의 빨래 솜씨에 대한 소문은 왕이 사는 궁에까지 퍼졌어. 궁에서는 엄마 트롤에게 모든 빨래를 맡겼지. 엄마 트롤은 아들과 일주일에 한 번씩 빨랫감을 가지러 궁으로 갔어. 궁 사람들은 엄마 트롤과 아들 트롤을 그저 추하게 생긴 사람들이라고 생각했어. 시녀들은 뒤에서 수군거리기도 했지.

"으, 고린내! 빨래는 잘하면서 자기들 옷은 안 빨아 입나 봐."

그러던 어느 날 엄마 트롤은 아기 공주의 옷들을 보게 되었어.

"어머, 이 앙증맞은 옷을 입은 인간 아이는 얼마나 사랑스러울까!"

엄마 트롤은 아기 공주 옷이 탐이 나서 하나둘씩 빼돌리기 시작했어. 그러다 한 가지 계획을 세웠지.

"그래, 내 아들을 인간과 결혼시키는 거야!"

하지만 아들과 결혼할 여자를 찾는 게 쉽지 않았어. 여자들은 냄새나고 못생긴 아들 트롤을 거들떠보지도 않았거든.

한편 궁에서는 아기 공주의 옷이 사라지는 것을 눈치챘어. 하지만 궁의 옷가지를 관리하는 시녀 헬가의 짓이라 생각하고 헬가를 내쫓았지. 엄마 트롤은 궁에서 쫓겨난 헬가를 집으로 데리고 왔어. 헬가를 자세히 보니 어여쁜 얼굴이 마음에 쏙 들어서 아들과 결혼을 시키기로 마음먹었지.

"헬가, 우리 집에서 편하게 지내렴. 한 식구처럼 말이야."

헬가는 자신에게 친절한 엄마 트롤이 고마웠어. 그러던 어느 날 엄마 트롤이 헬가에게 말했지.

"헬가, 내 아들과 결혼해 주렴."

헬가는 깜짝 놀랐어. 아들 트롤은 몸도 구부정하고 얼굴은 못생긴 데다 아는 게 하나도 없어 보였거든. 헬가는 당황한 나머지 엄마 트롤에게 마음속에 담아 둔 생각을 그대로 말하고 말았어.

"아주머니 아들은 너무 바보 같아요!"

엄마 트롤은 화가 나서 헬가에게 당장 나가라고 했어. 그런데 서둘러 짐을 싸던 헬가가 구석에 숨겨 둔 아기 공주 옷을 보게 된 거야. 헬가는 몰래 아기 공주 옷을 들고는 궁으로 가서 엄마 트롤이 한 짓을 모두 이야기했어. 왕은 병정들을 트롤의 집으로 보냈어. 하지만 엄마 트롤은 아들 트롤과 함께 이미 사라지고 없었지.

거북의 등을 무는 파리는 주둥이가 부러진다는 속담처럼 자신들과는 너무도 다른 인간의 무리에 섞여 억지로 인간이 되려던 트롤은 도망자 신세가 되고 말았단다.

**자신의 주제를 모르고 덤비다
오히려 더 크게 곤란해진다는 뜻의
다른 속담은 무엇이 있는지 찾아보자.**

푸름 박사의 생태 이야기

벌처럼 주둥이가 긴 파리가 있다고?

▲ 빌로오도재니등에의 몸에는 복슬복슬한 털이 나 있어.

▲ 빌로오도재니등에는 긴 주둥이로 꿀을 빨아 먹어.

파리는 지저분한 것만 먹는다는 편견을 버려야겠네요.

우리가 아는 파리는 보통 발바닥을 싹싹 비비면서 음식물 위에 앉아 음식을 핥아먹는 파리를 떠올릴 거야. 그래서 나쁜 병균을 옮기는 해충으로 알고 있어. 그런 파리가 딱딱한 거북의 등을 깨문다는 건 있을 수 없는 일이겠지. 그런데, 파리도 종류가 여러 가지라서 생긴 모습뿐만 아니라 먹이를 먹는 습성도 조금씩 달라. 어떤 파리는 말이나 소 같은 동물의 몸에 붙어 피를 빨아 먹기도 해. 특히 파리 종류 중에 마치 벌처럼 주둥이가 긴 파리가 있다는 것을 알고 있니?

파리목 재니등에과에 속하는 '빌로오도재니등에'가 그 주인공이야. 검은빛의 몸에 벨벳과 같은 연갈색의 털이 복슬복슬하게 나 있다고 해서 '벨벳재니등에'라고 불리기도 해. 이른 봄에 만날 수 있는 곤충인데, 무엇보다도 주둥이에 달린 길고 뾰족한 침이 아주 인상적이야. 마치 이쑤시개처럼 생겼지. 빌로오도재니등에는 이리저리 방향을 바꿔 가며 잘 날아다니는데, 꽃 사이를 날아다니며 긴 주둥이로 꿀을 빨아 먹기도 해. 얼핏 보면 온몸에 나 있는 복슬복슬한 털이나 꽃을 찾아 날아다니는 모습이 마치 벌 같기도 하고, 긴 주둥이가 모기 같기도 하지만 습성은 파리에 가깝단다.

빌로오도재니등에는 긴 주둥이로 꽃의 꿀과 꽃가루를 먹으면서 부지런히 꽃이 번식할 수 있도록 도와주지. 하지만 애벌레 때는 진딧물이나 딱정벌레, 벌 같은 다른 동물에 기생하며 산단다.

> 빌로오도재니등에는 벌의 둥지 입구 등에 알을 낳고는, 벌의 식량이나 벌 애벌레, 알 등을 먹지요.

동물의 피를 빨아 먹는 파리 종류, 등에

등에는 소나 말과 같은 동물의 몸에 붙어 피를 빨아 먹는 곤충이야. 그래서 피를 빨아 먹기 좋게 주둥이도 아주 날카롭게 생겼단다. 원래는 꽃의 꿀이나 식물의 즙을 빨아 먹고 사는데, 특히 알을 낳을 때가 된 암컷은 영양을 보충하기 위해 동물의 피를 빨아 먹는 거야. 심지어 사람에게 붙어 피를 빨기도 해. 등에에게 한번 물리면 마치 벌에 쏘인 것처럼 아프거나 가렵지. 알에서 깨어난 등에 애벌레는 물가에 사는 장구벌레 등의 애벌레를 잡아먹고 자란단다.

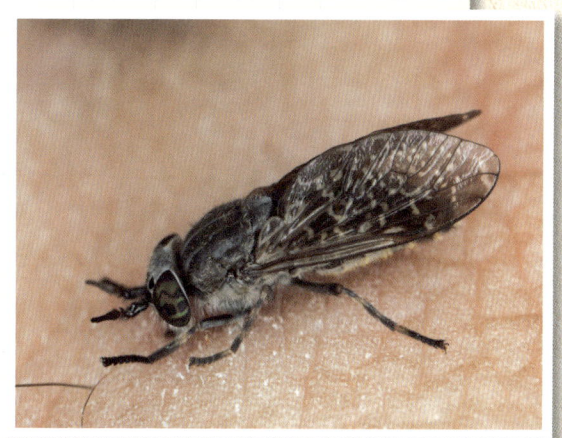

▶ 사람의 피부 위에 앉은 등에의 모습이야.

다시 읽는 세계 속담 25 — 이란

지식을 쌓고 실행하지 않는 자는 밭 갈고 씨 뿌리지 않는 자와 같다

영국의 옥스퍼드 대학에는 '러스킨의 길'이라는 곳이 있어. 러스킨은 영국의 학자로 미술 평론과 사회 평론으로 유명해. 러스킨이 옥스퍼드 대학에서 학생들을 가르치던 때였어. 어느 날 강의하러 가는데 비가 온 뒤라 곳곳에 빗물이 고여 있었지. 그러다 큰 웅덩이를 첨벙 밟아 버려서, 바지며 외투며 가방에 흙탕물이 튀었어.

"아니, 이렇게 큰 웅덩이가 길 한가운데에 있다니!"

러스킨이 흙탕물을 털며 강의실로 들어갔더니 학생들이 막 웃는 거야.

"하하, 교수님도 그 웅덩이에 빠지셨나 보네요."

학생들 중 몇몇도 그 웅덩이를 밟고 옷을 망치고 온 터였지.

러스킨이 학생들에게 물었어.

"학교로 오는 길에 커다란 웅덩이 때문에 우리 중 몇몇이 옷을 망쳤습니다. 그러면 그 웅덩이가 있는 길을 어떻게 해야 할까요?"

"그야 당연히 길을 고쳐야지요."

학생들의 말에 러스킨이 강의실 문 밖으로 향하며 말했어.

"그렇죠, 고쳐야죠! 그럼 당장 고치러 갑시다. 모두 일어나세요. 오늘 수업은 강의실이 아닌 저 웅덩이에서 할 것입니다."

학생들과 러스킨은 힘을 모아 웅덩이를 메워 길을 평평하게 만들었지. 옥스퍼드 대학은 웅덩이가 있던 길을 '러스킨의 길'이라고 이름 붙였어. **지식을 쌓고 실행하지 않는 자는 밭 갈고 씨 뿌리지 않는 자와 같아.** '러스킨의 길'은 배움에는 꼭 실천이 따라야 한다는 가르침을 주고 있단다.

아는 것을 실천할 때 어떤 기분이 들까?
그리고, 알지만 실천하지 못할 때는 어떤 기분이 들까?

푸름 박사의 생태 이야기

씨를 뿌리지 않아도 식물이 번식할까?

식물의 꽃은 어떤 기관에 속하나요?

보통 식물의 씨앗을 땅속에 심을 때, 적당한 땅속 온도와 충분한 물이 있으면 싹이 트고 뿌리가 자라. 그러다가 잎이 커지면서 줄기가 자라고, 줄기에서 꽃을 피우고 꽃이 번식을 하면 다시 씨앗과 열매를 맺어. 이렇게 식물이 자라는 과정을 '식물의 한살이'라고 해.

그런데 어떤 식물은 씨를 뿌리지 않고도 번식할 수 있어. 씨앗이 있어도 싹을 잘 틔우지 못하거나, 아예 씨앗을 만들지 못하는 식물들은 뿌리, 줄기, 잎 등으로 번식을 한단다. 식물의 뿌리, 줄기, 잎을 '영양 기관'이라고 하는데, 영양 기관을 이용해 번식시키는 방법을 '영양 생식'이라고 해. 영양 생식에는 여러 가지 방법이 있어. 식물의 가지를 잘라 흙에 꽂아서 뿌리를 내리도록 하는 '꺾꽂이', 잎을 잘라 꽂아서 번식시

▲ 나뭇가지를 다른 나무에 붙여 자라게 하는 접붙이기야.　▲ 기는줄기로 번식하는 식물의 모습이야.

120

키는 '잎꽂이', 나무에 달린 가지를 그대로 휘어서 묻은 다음 뿌리를 내리면 그 가지를 잘라 기르는 '휘묻이', 나뭇가지나 눈을 다른 나무에 붙여서 자라게 하는 '접붙이기', 줄기가 땅바닥에 붙어 기면서 땅 중간중간 뿌리를 내리며 번식하는 '기는줄기' 등이 모두 씨를 뿌리지 않고 식물을 번식시키는 방법이야. 쉽게 말해 식물의 뿌리나 줄기, 잎을 다른 곳에 심어 새로운 줄기와 잎, 뿌리가 자라게 하는 방법이지.

보통 식물 중에서 개나리, 감자, 양파, 잔디, 딸기 등은 줄기로 번식하고, 고구마, 대나무, 튤립 등은 뿌리로 번식해. 그리고 베고니아, 국화 같은 것은 잎으로 번식할 수 있단다.

식물의 꽃에는 암술과 수술이 있는데, 수술의 꽃가루가 암술머리에 붙으며 씨앗이 생기지요. 그래서 생식 기관에 속한답니다.

흙이 없어도 자라는 식물

씨앗을 뿌리지 않아도 식물이 번식한다니 놀랍지? 그런데 흙이 없어도 식물을 키울 수 있다는 것을 알고 있니? 흙 대신 식물을 물에 넣어 키우는 방법인데, 이런 것을 '수경 재배'라고 해. 대신 물속에는 식물에게 필요한 영양분을 넣어 주어야 해. 식물을 영양분이 가득한 물속에 넣으면 식물의 뿌리는 그 안에서 영양분을 섭취하며 잘 자라지. 집에서 수경 재배로 콩나물, 미나리, 무순, 상추 등을 키울 수 있는데, 수경 재배로 식물을 키우면 잡초와 해충이 잘 생기지 않는다는 장점이 있단다.

▲ 수경 재배로 식물을 키우는 모습이야.

스컹크를 잡으려고 생쥐를 보낸다

옛날에 의좋은 형제가 살았는데 형이 돈을 벌러 한 부잣집으로 일하러 갔어. 부자는 형에게 말했지.

"일하면서 화를 내지 않으면 내가 천 루블을 주겠네. 하지만 자네가 화를 낸다면 내게 천 루블을 주어야 하네."

막상 일이 시작되자 부자의 심술은 만만치 않았어. 열매를 따 오면 덜 익었다고 퇴짜 놓고, 약초를 뽑아 오면 잡초라고 우겼지. 참다 못한 형이 결국 화를 냈고, 할 수 없이 빚을 내 부자에게 천 루블을 주었지. 형의 이야기를 들은 동생은 부잣집으로 가서 일을 하겠다고 했어. 부자는 동생에게도 똑같은 조건을 걸었는데 동생은 이천 루블로 하자고 배짱을 부렸지. 부자는 동생더러 열 개의 항아리에 강물을 채우라고 일렀는데, 동생은 이런저런 핑계를 대며 꾸물거렸지.

"먼 길 오느라 피곤하니 한숨 자고 일하겠소."

"배가 고파 일을 못하겠소. 밥 좀 차려 주시오."

부자는 속이 시커멓게 탈 지경이었지. 이번에는 부자가 잔치에 쓸 양을 잡아 오라며 총을 주었어. 그런데 땅땅땅 총소리가 계속 나서 부자가 뛰어가 보니 동생이 양을 열 마리도 넘게 잡은 거야.

"이 나쁜 놈아, 남의 양을 왜 이렇게 많이 잡은 게냐?"

부자의 호통에 동생이 웃으며 말했어.

"양을 몇 마리 잡으라고는 말씀 안 하셨잖아요. 그나저나 방금 화내신 거 맞죠? 이천 루블 내놓으시죠!"

스컹크를 잡으려고 생쥐를 보낸다는 속담처럼 부자의 심술에는 동생의 지혜가 제격이었던 거야.

나에게 딱 맞는 일은 어떤 것일지 생각해 보렴.

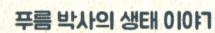

푸름 박사의 생태 이야기

스컹크도 종류마다 다른 모습이라고?

▲ 등과 꼬리가 흰색인 흰등줄스컹크야. ▲ 코가 길고 코에 털이 없는 돼지코스컹크야.

스컹크는 자신에게 위험이 닥치면 항문에서 독한 가스를 내뿜어 적을 쫓아 버리는 동물로 유명해. 생긴 모습은 족제비와 비슷한데, 검은색 몸에 두 줄의 흰색 줄무늬가 특징이야. 주로 밤에 활동하면서 쥐나 뱀, 새, 곤충 들을 잡아먹지.

스컹크는 생긴 모습에 따라 그 종류도 다양해. 그래서 재미있는 이름을 가지고 있는 스컹크가 많아. 스컹크 중에 서반구 지역의 숲속에 살고 있는 돼지코스컹크는 이름처럼 코가 길고, 코에 털이 없어. 북아메리카 남부와 중앙아메리카 사막 등에 많이 살고 있는 흰등줄스컹크는 목 주변에 털이 고리 모양으로 나 있고, 등과 꼬리가 흰색인 것이 많아. 흰등줄스컹크 중에는 등이 검은색이고 등의 양옆에 흰색 줄무늬가 있는 것도 있어. 북아메리카 거의 모든 지역에 살고 있는 줄무늬스컹크는 몸은 검은색인데 이마에 가느다란 흰 줄이 있고, 머리에 있는 한 줄이나 두 줄의 하얀색 얼룩이 등이나 꼬리까지 연결되어 있지. 북아메리카와 중앙아메리카에 살고 있는 얼룩스컹크는 이름 그대로 몸과 얼굴에 울퉁불퉁한 점처럼 보이는 얼룩이 많이 나 있단다. 이 스컹크는 북미나 남아메리카 등의 도시화가 덜 된 곳에서는 사람이 사

스컹크 방귀는 다른 동물들에게는 엄청난 위협이 될 수도 있겠네요.

▲ 얼룩스컹크는 몸이 얼룩덜룩해.
◀ 줄무늬스컹크는 머리부터 꼬리까지 연결된 흰 무늬가 특징이야.

는 동네에 먹이를 찾아 돌아다니기도 한다고 해.

스컹크는 길들이기가 쉽고 귀여운 모습 때문에 애완동물로 키우는 사람들도 꽤 있는데, 이때 지독한 독가스를 뿜지 못하게 항문선을 제거하는 수술을 시킨다고 해.

스컹크에게는 자신을 지키는 최고의 무기지요. 사람이 쓰는 향수의 재료로 쓰이기도 한답니다.

스컹크 방귀는 얼마나 독할까?

스컹크 방귀는 사람이 '뽕' 하고 소리를 내며 뀌는 기체 방귀와는 달라. 항문 근처의 항문선에서 뿜는 액체 방귀거든. 이 방귀는 너무나 지독해서 한번 묻으면 냄새가 잘 안 빠져. 덩치가 커다란 곰도 도망갈 정도인 데다가, 잘못해서 눈에 맞으면 앞이 안 보일 정도로 눈물이 난다고 해. 어떤 사람은 스컹크 방귀 냄새를 고무 타이어 수백 개가 타는 냄새 같다고도 표현했고, 어떤 사람은 썩은 달걀과 구토, 배설물이 섞인 냄새 같다고도 했어. 스컹크는 2~5미터 정도까지 5~6번 정도 연속으로 방귀를 뿜을 수 있는데, 1킬로미터 밖으로까지 그 냄새가 퍼진다고 하니, 얼마나 독한지 짐작이 가지?

▼ 스컹크의 방귀는 자신을 지키는 무기가 돼.

악어는 경계하기 위해 두 눈을 뜨고 잔다

옛날 노르웨이 왕국에 아들을 일곱 둔 왕이 있었어. 그런데 어느 날 거인이 여섯 왕자를 잡아가 버리고 말았지. 홀로 남은 막내 왕자는 형들을 찾으러 길을 나섰어. 왕자가 말을 타고 거인이 사는 성으로 가는데 늑대가 나타났지.

"왕자님, 제가 무척 배가 고픈데 말을 잡아먹어도 될까요?"

거인을 잡으러 가려면 말이 꼭 필요했지만 늑대의 간절한 눈빛을 보자 거절할 수 없었지. 늑대는 말을 잡아먹더니 왕자를 태우고 달렸어. 그리고 순식간에 거인의 성에 도착했지. 늑대는 왕자에게 말했어.

"왕자님, 성에 들어가면 거인에게 붙잡힌 공주님이 있을 거예요. 그 공주님이 왕자님을 도와줄 테니, 공주의 말에 따라야 해요."

왕자가 용기를 내어 성 안으로 들어가니, 성 안에 돌로 변해 버린 형들이 있었어. 돌 인형이 된 형들을 보고 눈물을 흘릴 때 공주가 나타났어. 왕자는 공주를 보고 말했지.

"내가 당신과 우리 형들을 구하겠소. 어찌하면 좋겠소?"

"거인의 가슴엔 심장이 없어요. 제가 거인에게
심장이 어디 있는지 물어서 알아낼 테니
왕자님은 침대 밑에 숨어 계세요."
 공주의 말이 끝나기 무섭게
쿵쿵 소리를 내며 거인이 들어왔어.
공주는 밝은 목소리로 거인에게
말을 걸었어.
 "당신은 심장도 없는데 어찌 이리
씩씩한가요? 심장은 어디에 있죠?"
 그러자 거인이 말했어.
 "처음으로 듣기 좋은 소리군.
내 심장은 문지방 아래에 있다오."

왕자는 다음 날 문지방 아래를 뒤져 보았어. 하지만 심장은 없었지. 거인이 공주를 속였던 거야. 다음 날 공주가 거인에게 다시 물었어.

"거인님, 저는 당신을 사랑해요. 당신의 심장을 담아 둘 주머니를 만들고 싶어요. 당신의 심장은 어디에 있나요?"

"이제야 공주가 나를 사랑하게 됐군. 내 심장은 벽장 안에 있소."

왕자는 다음 날 벽장 안을 샅샅이 뒤져 보았지만 심장은 없었지.

그 다음 날 공주는 눈물을 흘리며 거인에게 말했어.

"거인님, 저는 당신을 진심으로 사랑해요. 뜨겁게 뛰는 당신의 심장을 보고 싶어요. 그런데 문지방에도, 벽장에도 없더군요. 당신은 나를 사랑하지 않나 보네요."

거인은 그제야 거짓이 아닌 참으로 말했어.

"미안하오. 내 심장은 호수 안에 있는 섬의 우물 속에 있다오."

숨어서 거인의 말을 듣던 왕자는 바로 호수로 향했어.

"왕자님, 제 등에 올라타세요."

늑대는 왕자를 태우고 섬으로 헤엄쳐 갔어. 섬 가운데에 있는 깊은 우물에는 거인의 심장이 뛰고 있었지. 왕자는 나무줄기를 엮어 거인의 심장을 길어 올렸어. 그리고 뾰족한 돌로 심장을 내리쳤지. 펑 하는 소리와 함께 거인은 쓰러지고 돌로 변했던 형들도 제 모습을 찾았어.

왕자는 여섯 형과 함께 궁으로 돌아왔어. 물론 공주도 함께 왔지.

왕자는 공주와 결혼해서 오래오래 행복하게 살았대.

악어는 경계하기 위해 두 눈을 뜨고 잔다는 속담처럼 거인은 한시도 마음을 놓지 않았지만 결국 공주의 꾐에 빠져 경계를 늦추고 말았구나.

언제나 조심스럽고 신중한 태도를 지닌다면, 급작스럽게 닥친 위험도 피할 수 있단다.

푸름 박사의 생태 이야기

악어는 눈꺼풀이 두 개라고?

악어는 도마뱀과 비슷하게 생겼어요.

단단한 비늘과 날카로운 이를 드러내는 커다란 입 하면 금세 떠오르는 동물은 악어일 거야. 악어는 열대 지방이나 아열대 지방의 늪이나 강에 사는 파충동물이야. 낮에는 주로 물에서 나와 따뜻한 햇빛 아래 일광욕을 하고, 어둠이 내려오면 개구리, 물고기, 물새, 곤충 같은 먹이를 찾아 움직이지. 악어는 물에 살기 좋게 발에 물갈퀴가 달려 있고, 꼬리가 납작해서 헤엄을 아주 잘 쳐. 그리고 눈과 콧구멍이 머리의 위쪽에 있어서 온몸을 물에 담그고 있어도 앞을 잘 볼 수 있고, 숨도 잘 쉴 수 있어. 더 신기한 사실은 악어의 눈꺼풀이 두 개라는 거야.

악어의 눈에는 얇고 투명한 막으로 된 눈꺼풀이 하나 더 있어서 마치 물안경을 쓴 것처럼 깊은 물속으로 들어가도 눈에 물이 들어가지 않고, 앞을 볼 수 있는 거야. 악어가 경계하기 위해 두 눈을 뜨고 잔다는 말은 어쩌면 악어가 하나의 눈꺼풀만 감는 것에서 나온 말일지도 몰라. 악어의 눈에 있는 이 투명한 막이 눈뿐만 아니라 콧구멍과 귓구멍에도 있기 때문에 악어는 완벽한 수영 선수가 될 수 있는 거지.

악어는 물속에서 짝짓기를

▲ 악어는 잠수도 잘하는 수영 선수야.

▲ 악어의 눈에는 투명한 눈꺼풀이 하나 더 있어.

하고 어두운 곳에 40~60개의 알을 낳는데, 새끼가 태어날 때까지 무려 세 달 동안이나 아무것도 먹지 않으며 알을 지키는, 모성애가 아주 강한 동물로도 유명해. 새끼가 태어나면 입으로 물어 물가로 새끼를 옮기고, 새끼를 아주 잘 돌본단다.

도마뱀보다 몸이 훨씬 길고 크지요. 몸길이가 10미터나 되는 것도 있으니까요.

한쪽 눈만 감고 자는 악어

호주의 한 대학교 연구진은 악어가 잠을 잘 때 마치 윙크라도 하듯이 한쪽 눈만 감고 잔다는 연구 결과를 발표했어. 막혀 있는 곳에 악어를 두고 악어가 자는 모습을 살펴본 결과, 한쪽 눈은 감고 한쪽 눈은 뜬 채로 방 안으로 들어온 사람을 보는가 하면, 사람이 나간 뒤에도 한쪽 눈을 감지 않고 주변을 살폈다고 해. 이렇게 한쪽 눈만 감고 잘 수 있는 이유는 뇌의 절반은 활동하고 나머지 절반은 쉬는 능력을 가지고 있기 때문이야. 이런 능력은 주로 물에 사는 포유동물인 돌고래나 물개, 바다코끼리 등에게도 있단다.

▲ 바다코끼리(왼쪽)나 물개(오른쪽)는 한쪽 눈만 감고도 잘 수 있어.

다시 읽는 세계 속담 28 — 터키

파샤*의 말에 편자를 박으면 풍뎅이도 다리를 내민다

옛날 어느 마을에 착하고 점잖은 부자가 하인 한 명과 함께 살았어. 하인은 부자가 태어나기 전부터 부자의 집안일을 봐 온 터라 부자보다 집안일에 대해 더 잘 알았지. 그래서 하인은 오히려 부자를 아랫사람처럼 대할 때가 많았어. 하인의 행동에 부자도 마음이 상할 때가 많았지만 나이도 많고 집안일도 잘 돌보는 하인이기에 아무 말도 하지 않고 참았지. 그러던 어느 날 부자가 하인에게 통닭 요리를 먹고 싶다고 하자, 하인은 닭장에서 닭을 한 마리 잡았어.

"부자 양반 혼자 이걸 다 먹겠어? 다리 하나 없다고 뭐라 하진 않겠지?"

하인은 부자 몰래 닭 다리 하나를 뜯어 먹었어. 식탁 앞에 앉은 부자는 닭 다리가 하나인 것을 보고 물었지.

"어째서 이 닭은 다리가 하나뿐인가?"

그러자 하인은 낯빛 하나 바꾸지 않고 말했어.

"닭이 원래 다리가 하나이지 않소? 주인은 그것도 모르오?"

부자는 어이가 없었어. 이번에는 그냥 넘어가지 않겠다고 마음을 먹고는 하인과 함께 닭장으로 갔지. 부자가 '구구!' 소리를 내며 닭을 잡으려

---

* 파샤 : 옛날 터키에서 장군이나 사령관 등 신분이 높은 사람에게 주던 이름

고 하자 닭이 두 다리로 후다닥 도망쳤어.

"이래도 닭 다리가 하나라고 우기겠나?"

그런데 하인의 말은 더욱 기가 막혔지.

"닭 요리를 먹을 때 '구구' 소리를 냈어야지, 아무 소리도 하지 않으니 닭 다리가 하나였던 게 아니오!"

파샤의 말에 편자를 박으면 풍뎅이도 다리를 내민다더니, 부잣집에서 오래 일한 하인이 주인보다 더 주인 행세를 하려는 모습이 참 어처구니없는 모습이지?

스스로에 대한 당당함을 넘어 자만심이 가득차 예의 없이 굴거나 거만하게 행동하는 사람을 본 적이 있니?

푸름 박사의 생태 이야기
풍뎅이는 식성이 다양하다고?

▲ 왕풍뎅이는 갈색 몸에 털이 많이 나 있어.

가끔 어두운 밤 불빛에 날아드는 풍뎅이들을 본 적이 있어요.

풍뎅이는 풍뎅이과에 속하는 곤충을 통틀어 부르는 이름이야. 풍뎅이과에 속하는 곤충 중에는 '풍뎅이'라는 이름을 가진 것도 있고, 장수풍뎅이, 수염풍뎅이, 똥풍뎅이, 왕풍뎅이, 청동풍뎅이, 콩풍뎅이, 검정풍뎅이 등 그 종류가 아주 많아. 세계에 2만여 종이나 있고, 우리나라에만 약 260 종류가 살고 있어. 그 종류에 따라서 생긴 모습이나 몸 크기와 몸 색깔, 습성 등이 제각각이야.

풍뎅이는 식성이 좋아서 애벌레 때부터 아무거나 잘 먹는데, 풍뎅이 무리별로 먹는 것이 조금씩 달라. 검정풍뎅이 종류는 농작물의 잎이나 뿌리 등을 먹고, 똥풍뎅이 종류는 썩은 식물이나 동물의 똥 등을 먹고 살아. 똥풍뎅이는 똥을 둥그렇게 모아 땅속에 묻기도 하는데, 이 둥그런 똥은 똥풍뎅이 애벌레의 먹이가 돼.

식물의 잎이나 꽃과 열매를 먹는 것뿐 아니라 식물의 뿌리를 먹는 풍뎅이 종류는 나무나 농작물을 많이 해쳐서 우리나라에서는 해충으로 알려져 있단다.

풍뎅이 종류는 거의 땅속이나 두엄 아래에서 지내면서 얕은 땅속에

▲ 사슴풍뎅이는 주로 쇠똥에 모여들어.

▲ 참콩풍뎅이는 여러 가지 잎이나 꽃잎을 먹어.

알을 낳는데, 여기서 나온 애벌레는 땅속에서 세 번 허물을 벗고 번데기가 돼. 그리고 어른벌레가 되면 땅 위로 나온단다.

풍뎅이는 날기는 하지만, 주로 한곳에 머무른답니다.

다리가 굵은 장수풍뎅이

우리나라에 살고 있는 풍뎅이 중에 특히 다리가 굵은 풍뎅이가 바로 '장수풍뎅이'야. 이름만 들어도 알 수 있듯이, 다리뿐 아니라 몸통도 굵어서 힘도 아주 세단다. 특히 수컷 장수풍뎅이의 부채 모양 머리 앞부분에 나 있는 긴 뿔이 특징이야. 그리고 가슴 등판에도 뿔이 나 있지. 하지만 암컷 장수풍뎅이에게는 뿔이 없어.
장수풍뎅이는 숲속의 참나무에서 많이 볼 수 있는데, 발에 날카로운 발톱이 있어서 나무를 아주 잘 기어다닐 수 있어. 장수풍뎅이는 오래된 나무에 붙어 나무의 진을 빨아 먹고 산단다.

▶ 장수풍뎅이 수컷의 모습이야.

다시 읽는 세계 속담 29 영국

비옥한 땅이라 해도 가꾸지 않으면 잡초가 난다

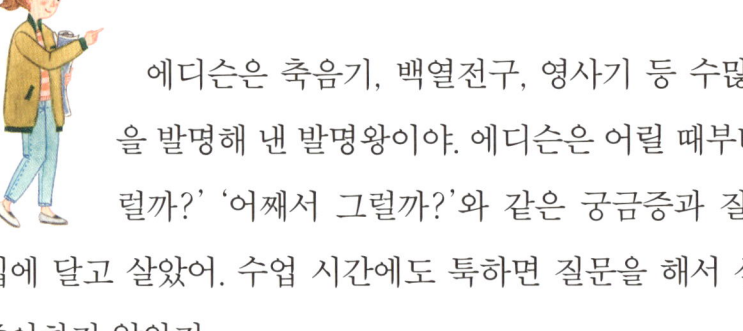

에디슨은 축음기, 백열전구, 영사기 등 수많은 물건을 발명해 낸 발명왕이야. 에디슨은 어릴 때부터 '왜 그럴까?' '어째서 그럴까?'와 같은 궁금증과 질문을 늘 입에 달고 살았어. 수업 시간에도 툭하면 질문을 해서 선생님이 좋아하지 않았지.

"에디슨, 너의 엉뚱한 질문 때문에 수업을 진행할 수가 없구나."

에디슨의 엄마는 에디슨에게 학교를 그만두게 하고 집에 연구실을 만들어 주며 마음껏 연구하도록 했어. 에디슨은 먹고 자는 일도 잊은 채 연구실에 틀어박혀 살았지. 발명을 하다 실패를 해도 쉽게 포기하지 않았어.

"실패는 성공으로 가는 징검다리일 뿐! 언젠가 꼭 해낼 거야."

1889년, 프랑스 파리에서 열린 전시회에서 에디슨의 발명품

들을 본 사람들이 천재의 작품이라며 감탄할 때 에디슨은 말했어.

"저는 천재가 아닙니다. 그저 끊임없이 노력할 뿐입니다."

어느 날 에디슨의 친구가 아들을 데리고 와서는 에디슨의 작업실을 구경시켰어. 훌륭한 업적은 피나는 노력을 통해 나온다는 것을 알려 주려 했던 거야. 친구는 에디슨에게 한 가지 부탁을 했어.

"아들에게 앞으로 살아가는 데 도움이 될 한마디만 부탁하네."

에디슨은 벽에 걸린 시계를 가리키며 친구의 아들에게 말했어.

"성공하려면 결코 시계를 보지 말아라."

비옥한 땅이라 해도 가꾸지 않으면 잡초가 나듯, 능력이 뛰어나도 노력하지 않으면 성공할 수 없고, 목표를 이루려면 꿋꿋이 가란 것을 알려 주고 싶었던 거야.

원하는 것을 이루기 위해 어떤 노력을 해 보았니?

푸름 박사의 생태 이야기

잡초를 이기는 식물이 있다고?

▲ 백합과의 여러해살이풀인 맥문동(왼쪽), 허브 차로 널리 이용되는 캐모마일(가운데), 4~9월에 꽃을 피우는 꽃잔디(오른쪽)야.

지피 식물은 잡초만큼이나 번식력이 좋고 병해충에 강하군요.

농작물을 재배하는 땅이나 빈 땅에서 사람이 일부러 심지 않아도 저절로 자라나는 식물을 흔히 '잡초'라고 불러. 잡초는 농작물이 자랄 공간뿐만 아니라, 농작물이 흡수해야 할 수분과 양분을 빼앗기 때문에 농작물을 기르는 사람들은 잡초를 없애기 위해 여러 가지 방법을 써. 옛날에는 일일이 잡초를 손으로 뽑아내기도 하고, 괭이나 칼 같은 도구를 써서 잡초를 뽑았어. 아니면 불로 잡초를 태우거나 염소나 양과 같은 가축을 풀어 키워서 잡초를 뜯어 먹게 하는 방법을 쓰기도 했지. 또 특정한 잡초를 죽이는 제초제를 뿌리기도 하고, 특정 잡초를 먹는 곤충을 풀어서 잡초를 없애기도 해. 그런데 잡초를 이기는 식물을 심는 방법을 쓰는 사람들도 있어. 바로 '지피 식물'을 키우는 방법을 쓰는 거야. 지피 식물은 키가 아주 작아서 땅을 완전히 덮으며 자라기 때문에 잡초를 이기고 꿋꿋이 자라날 수 있거든. 지피 식물은 정원을 아름답게 꾸며 줄

뿐만 아니라, 흙이 흘러내리는 것을 막아 주기도 해서 많은 사람들이 일부러 키우고 있어.

지피 식물에는 맥문동, 은백초, 꽃잔디, 캐모마일, 아주가 등 여러 종류가 있어. 맥문동은 우거진 숲 나무 그늘 아래의 물이 충분한 땅에서 아주 잘 자라. 꽃잔디는 분홍색, 흰색 등의 작은 꽃을 잔뜩 피우는데, 자라는 속도가 빠르고 예쁘기도 하지만 공해에도 강한 식물이야. 향이 달콤하고 좋아서 차의 재료로도 쓰이는 캐모마일은 어떤 땅에서도 무성하게 잘 자라는 식물이란다.

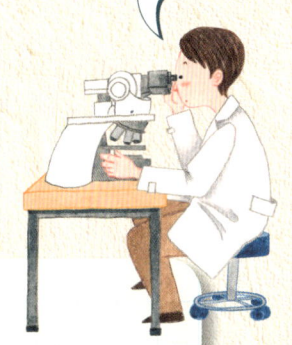

지피 식물은 추위에 땅이 어는 것을 막고 기온을 조절하는 역할도 하지요.

사람에게 이로운 잡초들

농작물의 성장을 방해하는 잡초라 해도, 잡초가 항상 쓸모없는 건 아니야. 잡초는 작은 곤충과 같은 초식 동물의 먹이가 될 뿐만 아니라, 사람에게 제철 먹거리와 약재로 이용되기도 해. 또 잡초 중에는 예쁜 생김새로 사람들에게 주목받는 식물들이 있어. 보라색 꽃을 피우는 제비꽃, 작고 하얀 꽃을 피우는 봄맞이, 노란 꽃을 피우는 가락지나물과 미나리아재비 등은 주로 정원을 아름답게 장식하는 식물들이란다.

▲ 금강봄맞이(왼쪽), 금강뫼제비꽃(가운데), 가락지나물(오른쪽)은 정원을 아름답게 장식하는 잡초들이야.

암퇘지는 장미보다 겨를 더 좋아한다

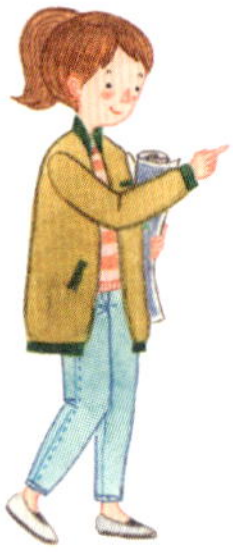

한 왕국에 왕자가 태어나자, 왕은 왕자를 '에드워드'라고 이름 지었어. 같은 날, 가난한 집에서 태어난 남자아이의 이름은 '톰'이었지. 톰은 어릴 때부터 동냥을 하러 다녔는데, 하루는 동냥을 하러 다니다 궁에 가게 되었어. 궁의 문지기들이 톰을 흠씬 두들겨 팰 때, 에드워드가 나타났어. 에드워드는 톰이 안쓰러워, 궁으로 데려와 어떻게 살아가는지를 물었어.

"만날 여기저기 마음대로 돌아다니고 친구들과 뛰놀지요."

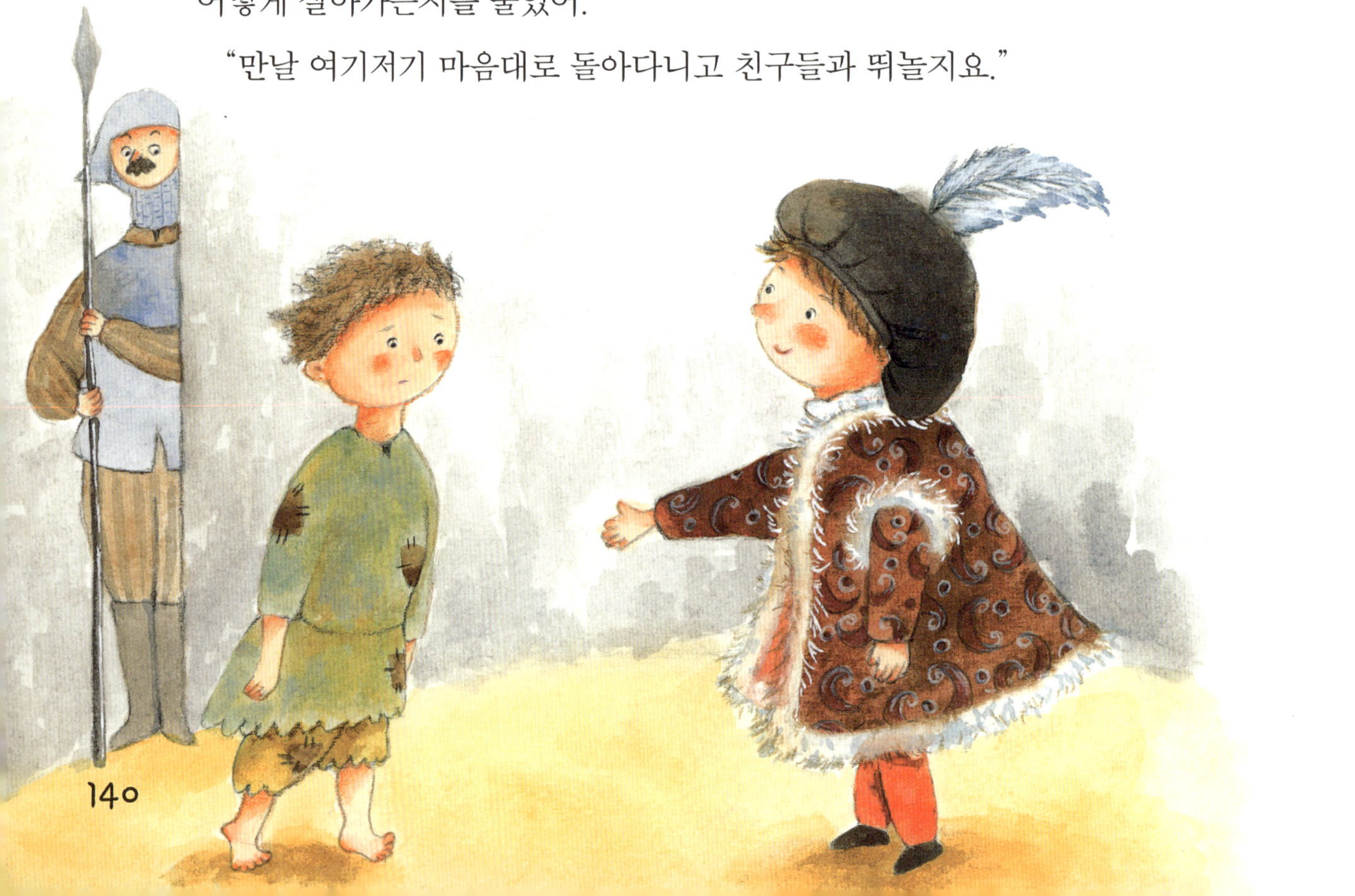

에드워드는 톰의 자유로운 삶이 부러워서 톰에게 옷을 바꿔 입자고 했어. 그리고 신이 나서 성 밖으로 뛰쳐나갔지.

갑자기 왕자가 된 톰은 포크와 나이프도 제대로 쥘 줄 모르고 셔츠의 단추도 잘 채우지 못했어. 신하들은 톰 뒤에서 수근거렸지.

"왕자님이 이상해지셨어. 뭘 잘못 드셨나?"

톰의 집에 살게 된 에드워드는 동냥을 잘 못해 온다며 톰의 아버지에게 날마다 매질을 당했어. 그래서 결국 다시 궁으로 돌아갔지.

"나는 에드워드 왕자다. 어서 문을 열어라."

하지만 누더기 차림의 에드워드를 아무도 왕자로 생각하지 않았어. 문지기들이 몽둥이질을 하려는데, '헨든'이라는 남자가 에드워드를 구해 주었지. 헨든은 에드워드의 얼굴에서 흐르는 귀한 빛을 알아챈 거야. 에드

워드는 헨든의 도움을 받으며 살았는데, 잊을 만하면 톰의 아버지가 찾아와 집으로 끌고 갔지.

"아비가 굶어 죽는 꼴을 보고 싶은 게냐? 어서 돈을 구해 와!"

에드워드는 동냥을 나간다며 도망쳐 헨든에게 갔어. 헨든은 에드워드를 데리고 자신의 고향으로 갔는데, 마침 그때 국왕이 세상을 떠났다는 소식이 들려왔어. 에드워드는 목 놓아 울었지.

"아버지, 죄송해요. 철부지 호기심으로 이리 한심한 꼴이 됐어요!"

헨든과 에드워드는 다시 궁이 있는 도시로 돌아왔어. 때마침 궁에서는 많은 백성들이 보는 앞에서 숨진 국왕을 대신해 그의 아들이 왕위를 이어받는 행사가 열리고 있었지. 톰은 꼼짝없이 국왕의 자리를 물려받게 되었어. 국왕이 쓰던 왕관을 톰의 머리에 씌우려던 바로 그때, 저만치에서 에드워드가 소리쳤지.

"내가 진짜 에드워드 왕자다. 왕위에 오를 사람은 바로 나다!"

사람들은 에드워드를 미친 사람 보듯 했고, 군사들도 창과 칼을 들고 에드워드를 에워쌌어. 그때 톰이 말했어.

"맞다. 저분이 진짜 에드워드 왕자님이시다!"

그러자 에드워드가 말했지.

"왕의 도장이 있는 곳을 아는 사람은 나뿐이다. 왕의 도장은 철가면 속에 들어 있다."

그 말이 사실로 밝혀지자 사람들은 비로소 에드워드를 왕자로 믿었지. 왕이 된 에드워드는 자신을 도와준 헨든을 높은 벼슬자리에 앉히고 다시는 철부지 같은 장난을 치지 않았대.

암퇘지가 장미보다 겨를 좋아하듯 누구나 자신에게 꼭 맞고 어울리는 자리가 있는 법이란다.

톰이 왕자가 되었을 때 왕궁에서 어떤 곤란함을 겪었을지, 만약 톰의 상황이라면 어떻게 했을지 상상해 보자.

푸름 박사의 생태 이야기
돼지의 냄새 맡는 능력은 얼마나 뛰어날까?

돼지의 후각이 발달한 것은 어쩌면 돼지만의 강력한 생존 무기일 수도 있겠군요.

돼지는 원래 산속에 살던 야생 멧돼지를 사람들이 일부러 기르면서 어떤 동물 못지않게 사람과 가까워진 가축이야. 아무거나 잘 먹는 데다, 하루의 대부분을 먹는 데 보내기 때문에 살도 잘 찌고 금세 몸이 커지지. 특히 둥글고 뭉툭한 코로 냄새를 아주 잘 맡을 만큼 후각이 발달했어. 돼지는 냄새만으로도 자기를 기르는 주인인지 아닌지를 알 수 있고, 자신의 새끼와 다른 돼지의 새끼도 가려낼 수 있어. 또 배설물의 냄새뿐 아니라, 암컷인지 수컷인지도 냄새만으로 알아내지. 냄새를 아주 잘 맡기 때문에 킁킁거리며 먹이를 찾는데, 코로 땅을 파서 벌레나 풀뿌리를 찾아내 먹기도

▶ 돼지는 후각이 발달해서 땅속의 먹이도 잘 찾아낼 수 있어.

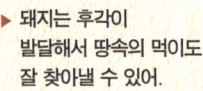

한단다. 돼지는 어떻게 이렇게 냄새를 잘 맡을 수 있는 걸까?

한 연구 결과, 돼지는 냄새를 맡을 수 있는 후각 유전자가 아주 발달된 것으로 밝혀졌어. 동물의 후각 유전자 수가 많을수록 보다 다양한 냄새를 맡고 구별할 수가 있는데, 돼지는 이 유전자 수가 무려 1300여 개나 된다고 해. 사람의 후각 유전자 수가 약 400개이고, 냄새를 잘 맡는 동물로 알려진 개도 이 유전자 수가 1100여 개 정도라고 하니, 돼지의 냄새 맡는 기능이 얼마나 뛰어난지 알겠지? 그래서 예전에는 프랑스 농부들이 돼지의 냄새 맡는 능력을 이용해서 야생의 송로버섯을 찾기도 했어. 송로버섯은 독특한 향과 맛을 내는 아주 귀한 음식 재료인데 땅속 깊은 곳에서 자라기 때문에 찾기가 어렵거든. 못생겼다고 놀려 온 돼지 코의 능력이 정말 놀랍지?

> 돼지는 코로 단순히 냄새를 맡는 것뿐 아니라, 다른 동물들이 알아채지 못하는 화학 물질까지도 알아낼 수 있답니다.

돼지가 땅에 뒹구는 이유는?

돼지는 몸이 가려우면 땅에서 뒹굴거나 기둥 같은 곳에 몸을 비벼대. 또 몸속에 기생충 같은 것이 생기면 나무 기둥 같은 것을 갉아 먹거나 땅바닥을 파헤치기도 하지.

돼지 우리 주변이 항상 축축하고 더러운 이유는 돼지의 오줌 때문이야. 돼지는 땀샘이 발달하지 않아서 몸속의 수분을 땀이 아닌 오줌으로 내보내거든. 하지만 냄새를 아주 잘 맡기 때문에 오줌 눌 곳을 일부러 만들어 주면, 그곳에서만 배설할 뿐 아니라 자기가 누울 자리를 깨끗하게 유지한단다.

▶ 돼지는 스스로 체온을 조절할 수 없어서 진흙에 뒹굴면서 체온을 낮춘단다.

다시 읽는 세계 속담 31 　인도

전갈이 물에서 빠져나오도록 도와준 자를 문다

중국의 어느 마을에 떠돌이 아이 하나가 구걸을 했어. 아이의 옷은 해어져 있고 얼굴엔 땟물이 줄줄 흘렀지.
"밥 좀 주세요, 밥 좀 주세요."
아이가 밥을 얻으러 다녔지만 사람들은 아이를 내쫓았어. 그러다 아이는 마을의 큰 부잣집으로 가서 기어들어 가는 목소리로 말했지.
"쉰 찬밥 덩이라도 좋으니 밥 좀 주세요."
때마침 마당에 나와 있던 부잣집 주인이 아이를 보았어. 차림새는 허름했지만 눈빛은 초롱초롱했지. 주인은 아이에게 밥을 주고, 깨끗이 씻겨 새 옷을 입혔어. 그러자 소년은 제법 똘똘해 보였지.

"애야, 먹여 주고 재워 줄 테니 우리 집에서 지내 볼 테냐?"
"물론입죠, 어르신! 뭐든 시켜만 주시면 열심히 하겠습니다."
 그날부터 아이는 부잣집에서 지내며 심부름도 하고 일도 했어. 주인은 아이에게 농사도 가르치고 글도 가르쳤지. 아이가 청년이 되어 결혼까지 하게 되자 주인은 문간방에 살림을 차리도록 했어. 그런데 부인이 생기고 아이가 생기자 청년은 번듯한 집을 갖고 싶었어.
"어르신, 내가 이날까지 머슴살이를 했으니 재산을 반 주시오."
 청년의 말에 주인은 기가 막혔어.
"이런 괘씸한! 갈 곳 없는 너를 거두어 주었더니 내 재산을 내놓으라고? 전갈이 불에서 빠져나오게 도와준 사람을 문다더니 딱 그 꼴이구나!"
 안타깝게도 주인은 그 뒤로 다시는 어려운 사람들을 돕지 않았대.

**다른 사람의 도움을 받고 모른 척하거나,
그 사람이 더 도와주지 않는다고
서운해한 적은 없는지 생각해 보자.**

푸름 박사의 생태 이야기

전갈은 꼬리 끝에 무기를 달고 다닌다고?

전갈이 모두 위험한 것은 아니군요.

네 쌍의 다리와 커다란 집게발 한 쌍을 가지고 있는 전갈은 거미류에 속하는 동물이야. 전갈 종류를 통틀어 부르는 이름이기도 하지. 전갈은 전 세계에 널리 퍼져 살고 있는데, 주로 열대 지방이나 아열대 지방에 살고, 사막이나 추운 한대 지방에서 살기도 해. 지금까지 알려진 것만도 1000여 종이나 되는데, 우리나라에는 극동전갈 한 종만 알려져 있어. 전갈은 보통 낮에는 나무 밑이나 돌 아래에 숨어 있다가 어두운 밤이 되면 먹이를 사냥하는데, 이때 커다란 집게발로 귀뚜라미나 매미, 개미나 딱정벌레, 지네 같은 곤충 먹이를 사냥하지. 이때 전갈은 꼬리 끝의 무기로 먹이를 꼼짝 못하게 할 수 있어.

전갈의 배 끝부분에는 꼬리가 길게 나와 있는데 여러 개의 마디로 나뉘어 있어서 쉽게 구부렸다 폈다 할 수 있지. 그리고 이 꼬리 끝이 부

▲ 전갈 꼬리 끝의 독침은 최대의 무기야.　▲ 전갈끼리 싸우는 모습이란다.

풀어 오르면서 독침이 생기는데, 사냥감에게 이 독침을 쏘면 사냥감의 몸에 독액이 퍼져 꼼짝 못 하게 되는 거야. 또 같은 전갈끼리 심하게 싸울 때에도 이 독침을 쓰기도 하지. 하지만 전갈이 아무 때나 독침을 쏘는 것은 아니야. 자신을 건드리지 않는 상대를 일부러 공격하지는 않거든. 그리고 모든 전갈 종류 중에 20여 종만이 강한 독을 가지고 있는 데다가 이런 전갈들은 주로 북아프리카, 북아메리카, 중동 등에 살고 있어. 일반적인 전갈의 경우 설사 쏘였다고 해도 좀 아프거나 며칠 지나면 괜찮아진다고 해.

▲ 극동전갈은 한반도에서는 북부 지역에만 살고 있어.

약으로도 쓰이는 전갈

전갈의 종류마다 독성이 다른데, 집게발이 작은 것이 큰 것보다 독이 더 강하고, 열대 지방에 사는 것보다 사막에 사는 전갈의 독이 더 강하다고 해. 하지만 전갈의 독은 사람에게 약이 되기도 해. 우리나라의 전통 의학서인 《동의보감》의 기록을 봐도 아주 오래전부터 중풍이나 신경 마비, 언어 장애 같은 병을 치료하는 약으로 전갈을 써 왔어. 또 전갈 독 속의 성분은 종양이 커지는 것을 막아 주는 효과가 있다고 해서 현대 의학에서도 질병을 치료하는 약으로 계속 연구하고 있단다.

▶ 데스스토커는 아주 무서운 신경독을 가진 위험한 전갈이야.

하지만 독성이 강한 전갈의 경우, 독침에 쏘이면 호흡 곤란을 일으켜 사람은 몇 시간 안에 목숨을 잃을 수도 있답니다.

다시 읽는 세계 속담 32 — 중국

낙엽 한 잎 떨어지는 것을 보고 가을이 왔음을 안다

미켈란젤로는 라파엘로, 레오나르도 다 빈치와 함께 이탈리아 3대 천재 화가로 손꼽히며 많은 작품을 남겼어.

미켈란젤로는 집안이 몹시 어려워서 소년 시절에 그 당시 최고의 가문인 메디치가에서 정원사로 일했어.

미켈란젤로는 정원사로 일하면서도 자신의 예술적인 열정을 숨기지 않았어. 틈이 날 때마다 쉬지 않고 화분에 조각을 하며 나무를 다듬었지. 미켈란젤로의 손을 거친 화분은 멋진 예술품이 되었어.

어느 날 메디치가의 한 영주가 땀을 흘리며 화분을 조각하고 있는 미켈란젤로를 보았어.

"자네는 왜 쉬는 시간에도 그토록 열심히 일하는가?"

그러자 미켈란젤로가 말했어.

"저는 이 정원을 아름답게 만드는 것이 즐겁습니다. 이런 정원에서 일할 수 있다는 데 감사하며 화분을 조각하고 있습니다."

영주는 미켈란젤로에게 그동안 조각한 화분을 모두 가져오게 했어. 영주는 미켈란젤로의 작품을 보고 그의 재주가 보통이 아님을 알았지. 그래서 그 뒤로 미켈란젤로에게 제대로 된 조각 공부를 시켜 주고 후원을 해 주었단다. 그 덕택에 미켈란젤로는 위대한 예술가로 거듭날 수 있었어. **낙엽 하나 떨어진 걸 보고 가을이 온 것을 아는 것**처럼, 영주는 미켈란젤로의 화분 조각만으로도 엄청난 재능을 알아본 거란다.

'낙엽 한 잎이 떨어짐을 보고 가을이 왔음을 안다'라는 속담 속 계절을 봄, 여름, 겨울로 바꿔서 만들어 볼까?

푸름 박사의 생태 이야기
가을이 되면 왜 낙엽이 생길까?

▲ 가을이 되어 수분이 부족해진 나뭇잎은 엽록소가 파괴되어 붉거나 노랗게 색이 변해.

낙엽이 생기지 않고 추운 겨울을 이겨 내는 나무도 있나요?

한여름에는 싱싱하고 푸르렀던 나뭇잎이 쌀쌀해지는 가을이 되면 노랗게 빨갛게 변하다가 바짝 마른 잎이 되어 나무에서 떨어지는 걸 볼 수 있어. 왜 가을이 되면 낙엽이 생기는 걸까? 쉽게 말하면, 나무가 추운 겨울을 잘 보내기 위해서 잎을 떨어뜨리는 거야.

나뭇잎은 여름 내 뜨거운 햇빛을 받아 광합성을 해서 영양분을 만들고, 뿌리가 빨아들인 수분으로 나무가 줄기와 가지를 더 많이 늘리면서 쑥쑥 자라. 그런데 가을이 되어 기온이 떨어지고 공기가 건조해지면서 나무뿌리가 빨아들이는 수분의 양도 줄어들어. 하지만 나무가 추운 겨울을 버티려면 수분이 꼭 필요하기 때문에 잎을 나무에서 떨어뜨리는 거야. 다시 말해 나무는 나뭇가지와 잎 사이에 '떨켜층'이라는 것을 만들어서 잎까지 수분이 전해지지 않도록 막는 거지. 그래서 수분이 부족해진 잎은 엽록소가 점점 파괴되면서 초록색이었던 나뭇잎이 붉은

색이나 노란색으로 변하는 거야. 겨울잠을 자기 위해 준비를 하는 다른 동물들처럼 나무도 겨울을 나기 위한 준비를 하는 셈이야. 나무에서 떨어져 나온 낙엽이 아무것도 안 하는 건 아니야. 빨간색 낙엽이 나무의 뿌리에 쌓여 흙을 덮으면 마치 이불과 같은 보온 효과가 있어. 또 떨어진 낙엽이 쌓여서 썩으면 흙으로 돌아가면서 다시 영양분을 만들어 주는 역할을 한단다.

◀ 낙엽도 다양한 역할을 해.

계절 알리미 동식물은 누구일까?

국립공원에 사는 동물과 식물들 중에 기후와 계절이 변하는 것에 민감한 동물과 식물들이 '계절 알리미 생물 50종'으로 선정되기도 했어. 추운 겨울을 지나 이른 봄이 되면 복수초가 꽃을 피우고, 이어서 북방산개구리는 겨울잠에서 깨어 활동을 시작하며, 진달래가 활짝 피어나. 소쩍새와 꾀꼬리가 울기 시작하면 여름이 다가온 거야. 한여름 매미는 시끄럽게 울고 솔부엉이도 활개를 쳐. 가을이 되면 고추잠자리가 하늘을 날고, 귀뚜라미와 늦반딧불이가 노래를 하지. 가을에 활동하는 검은딱새의 깃털 색이 옅어지면 곧 겨울이 온다는 뜻이란다.

소나무나 잣나무 같이 잎이 두꺼운 바늘처럼 뾰족한 침엽수는 수분 손실이 적기 때문에 낙엽을 만들지 않고도 추운 겨울을 버틴답니다.

◀ 계절 알리미 생물인 복수초, 꾀꼬리, 고추잠자리, 검은딱새야.

이를 잡으려고 칼을 뽑아서는 안 된다

옛날 폴란드에 아주 평화로운 왕국이 있었는데, 어느 날 큰일이 일어났어. 바벨 언덕의 동굴에 갇혀 수천 년 동안 잠자던 용이 깨어나 사람들을 닥치는 대로 잡아먹는 거야.

왕은 병사들을 보내 용을 잡으려고 했지만 오히려 병사들만 잡아먹히고 말았지. 왕은 고민 끝에 결심했어.

"용을 무찌르는 자를 나의 아들 또는 딸로 삼을 것이고, 내 뒤를 이어 왕의 자리에 앉히겠다."

사람들은 목숨을 걸고 용을 잡으러 갔지만 제아무리 날카로운 칼과 단단한 방패도 아무 소용이 없었지.

어느 날 허름한 차림새를 한 젊은이가 왕을 찾아와 말했어.

"죽은 양 한 마리, 황가루, 후추를 주시면 용을 잡아 오겠습니다."

왕은 믿음이 가지 않았지만 찬밥 더운밥 가릴 때가 아니었어. 그래서 젊은이의 말대로 해 주었지. 젊은이는 죽은 양의 배를 갈라 성냥에 불을 붙일 때 쓰는 황가루를 넣었어. 바깥에는 맛깔스런 냄새를 풍기도록 후추

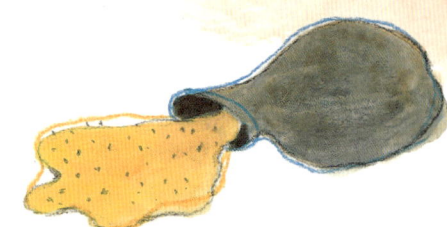

를 솔솔 뿌렸지. 젊은이는 용이 있는 동굴 앞에 양을 조심히 내려 두었어. 얼마 뒤 냄새를 맡은 용이 동굴 밖으로 나오더니 양을 꿀꺽 삼켰어. 그러자 황가루에 불이 붙어 용이 펄쩍펄쩍 뛰었고, 입과 코로 연기와 불길이 치솟았지. 용은 강으로 뛰어들어 물을 마셨는데, 너무 마시는 바람에 배가 터져 죽고 말았단다.

이를 잡을 때는 칼이 필요하지 않듯, 용을 잡는 데는 힘보다 지혜가 더 필요했던 거야.

어떤 문제를 해결할 때에는 그에 맞는 방법으로 해결해야 해. 그렇지 않으면 문제는 더 엉뚱한 방향으로 흘러갈 수 있어.

푸름 박사의 생태 이야기

이는 사는 곳에 따라 종류가 다르다고?

지금은 이를 쉽게 볼 수 없는 것 같아요.

'이'는 사람이나 포유동물 등의 몸에 붙어살면서 피를 빨아 먹는 흡혈 곤충이야. 이는 보통 몸 크기가 아주 작기 때문에, 이를 잡겠다고 칼을 뽑아 들어 봐야 아무 소용없는 게 당연해. 이는 보통 몸길이가 0.5 밀리미터 정도 되는데, 다른 동물의 몸에 붙어살기 때문에 자연에서 살아가는 다른 곤충들과는 다르게 생겼어. 몸 색깔은 옅은 갈색 또는 진한 갈색인데 납작하고 날개도 없어. 또 눈은 퇴화되거나 아예 없고, 더듬이는 아주 짧지. 머리는 작은 원뿔 모양인데, 피를 빨아 먹기 좋게 입 끝이 침처럼 생겼어. 특히 여섯 개의 다리는 굵은 데다가 다리 끝에 갈고리 같은 발톱이 발달되어 있기 때문에 사람의 머리카락이나 옷, 짐승의 털 같은 곳에 잘 붙어 있을 수 있지. 이 자그마한 이도 붙어사는 곳에 따라 그 종류가 다른데, 사람에게 붙어사는 이 중에는 몸에 붙어사는 몸니와 머리에 붙어사는 머릿니가 있어. 몸니는 주로 피부나 옷

▲ 이를 확대한 모습이야.

▲ 머릿니는 사람의 머리에 붙어살아.

에 많이 붙어서 살고, 머릿니는 머리카락 틈에만 붙어살아. 그리고 포유동물에 붙어사는 이가 있는데, 신기한 것은 다른 동물에 붙어살던 이는 사람 몸에서 잘 살 수 없다는 거야. 머릿니나 몸니의 경우도 마찬가지야. 머릿니를 몸에 붙여 두면 다시 머리로, 몸니를 머리카락에 붙여 두면 다시 몸으로 간단다.

위생 상태가 좋지 않을수록 이가 생길 가능성이 많은데, 이가 피를 빨면 아주 가려워. 가려움 때문에 심하게 긁다가는 상처가 생길 수도 있고, 발진티푸스나 참호열 같은 전염병에 걸리기도 한단다.

이는 언제부터 사람 몸에 살았을까?

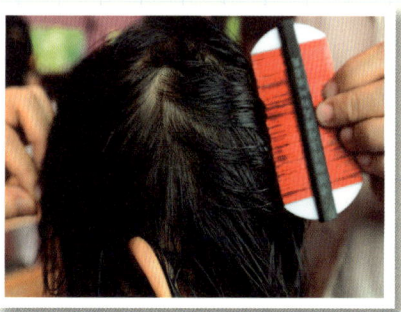
▲ 빗으로 머리를 빗어 이를 잡기도 했어.

과학자들은 이의 DNA를 분석했는데, 약 200만 년 전에 고릴라의 몸에 있던 것이 사람에게로 옮은 것이라고 추측했어. 어쩌면 털이 많던 원시인의 몸에 이가 들러붙어 가려움을 참지 못한 나머지, 사람의 몸에는 털이 없어지기 시작한 것일지도 몰라.
예전에 이가 많았을 때는 'DDT'라는 살충제를 몸에 뿌리거나 촘촘한 참빗으로 머리를 빗어 내려 이를 잡기도 했는데, 무엇보다도 몸의 청결을 유지하는 게 가장 좋은 방법이란다.

예전에는 위생 상태가 좋지 않은 군대나 교도소, 빈민굴 등에 들끓기도 했지요.

포도를 길바닥에 심지 마라

한 마을에 지독한 흉년이 들어 사람도 배고픔에 허덕이던 때, 떠돌이 개가 이 마을을 지나고 있었어. 마침 음식 냄새가 풍기는 곳을 따라가니 한 부잣집에서 잔치를 열고 있는 거야.

"이게 얼마 만에 맡아 보는 음식 냄새야!"

떠돌이 개가 부잣집 주변을 어슬렁거리며 침만 질질 흘리고 있는데, 마침 까마귀가 고기 한 덩어리를 물고 나무 위로 앉는 거야. 까마귀도 부잣집 마당에서 고기를 훔치다 사람들의 돌팔매질에 맞은 터였지. 떠돌이 개는 넙죽 엎드리는 시늉을 하며 까마귀에게 말을 걸었어.

"까마귀 형님, 요즘 같은 흉년에 어찌 지내셨나요? 워낙 사냥 솜씨가 좋으셔서 그런지 오늘 유난히 까만 깃털이 푸르게 빛납니다요!"

까마귀는 기분이 좋아졌어. 개는 달콤한 말을 계속 늘어놓았지.

"부리도 매섭게 생겨서 먹이를 한번 물면 놓치지 않겠네요."

까마귀가 으쓱하며 날개를 파닥이자, 개는 잽싸게 말했지.

"까마귀 형님 목청이야말로 새 중의 으뜸이지요. 까마귀 형님, 배고픈 저를 위해 노래 한 자락 해 주지 않으시렵니까?"

그러자 까마귀가 큼큼 목을 가다듬더니 노래를 부르기 시작했어.

"까아악 까아악, 깍깍!"

까마귀가 입을 벌리자마자 고깃덩이가 아래로 툭 떨어졌고, 개는 날름 고기를 먹어 버렸지. **길바닥에 포도를 심어 남 좋은 일만 시켜 준 것**처럼 까마귀는 한껏 뽐내며 노래를 부르느라 힘들게 구한 고기가 떨어진 줄도 몰랐단다.

나의 이익만을 위한 것이 아니라,
다른 사람을 위해 수고를 하는 사람들도 많아.
조건 없이 베풀 때의 즐거움도 잊지 말자꾸나.

푸름 박사의 생태 이야기

포도는 척박한 땅에서도 잘 자란다고?

대부분의 식물은 영양분이 많은 좋은 흙에서 잘 자라. 그런데 포도를 길바닥에 심어 남 좋은 일을 시킨다니, 그렇다면 길바닥에 심어도 포도가 잘 자란다는 말일까?

포도는 많은 사람들이 즐겨 먹는 과일이야. 와인이나 주스를 만들어 먹기도 하고, 말려서 건포도로 만들거나 설탕에 졸여 잼이나 젤리를 만들어 먹기도 하지. 사실 대부분의 포도는 무더위에도 강하고, 어떤 땅에든 적응력이 강하기 때문에 포도 덩굴이 잘 뻗을 수 있게 버팀대만 세워 두면 잘 자라는 편이야. 특히 좋은 와인의 재료가 되는 포도는 영양분이 많은 기름진 흙보다는 자갈이나 모래, 석회석 등이 섞여 있는 척박한 땅에서 자란 것이 더 맛이 좋다고 해. 땅이 척박하면 포도는 뿌리를 더 넓고 깊게 뻗어 나가면서 다양한 영양분을 빨아들일 수 있기 때문이지. 하지만 다른 식물과 마찬가지로 포도도 너무 춥거나 너무 덥지 않은 곳이면서, 적당히 비가 내리는 곳이 자라기에 가장 적합해. 포

우리나라에서는 고려 시대 이전부터 포도를 길렀답니다.

도 종류에 따라 특정한 날씨나 흙이 필요한 것도 있지만, 대부분 포도가 잘 자라는 좋은 포도밭은 낮에 내리쬐는 햇빛의 양이 충분하고 물이 잘 빠지는 땅이야. 그래서 경사진 산지나 언덕 같은 곳에 탐스러운 포도가 열리는 좋은 포도밭이 많아. 봄이면 포도에 잎이 나고 줄기가 뻗는데, 이때는 적당히 비가 내리는 게 좋아. 6월쯤 되면 노란색 꽃이 피고 연두색 열매가 열리면서 익어갈수록 검은색 열매로 바뀌지. 꽃이 피고 포도 열매가 익어갈 때에는 비가 오지 않아야 더 달고 맛있는 포도가 된단다.

▶ 포도 꽃이 핀 모습이야.

포도 중에는 익어도 계속 연두색인 청포도도 있지요.

세계 과일 생산량의 3분의 1을 차지하는 포도

포도는 다양한 쓰임새와 좋은 맛으로 전 세계인의 사랑을 받는 과일이야. 먼 옛날 기원전 3000여 년 전부터 재배했던, 인류의 역사와 함께한 과일로 이탈리아, 프랑스 등에서 많이 생산되고 있지.

포도는 크게 유럽종, 미국종, 교배종으로 나뉘어. 유럽종은 추위와 해충에 약한 대신, 미국종은 추위와 해충, 질병 등에 강한 게 특징이야. 우리나라에서는 보통 교배종을 심어 기르는데, 우리가 잘 아는 거봉이 바로 교배종이야. 거봉은 포도 알이 아주 크면서 씨가 거의 없고 단맛이 강한 게 특징이야.

포도는 단맛을 내는 당분이 많아 맛이 좋을 뿐 아니라, 비타민도 풍부하고 피로 회복에도 효과가 있단다.

▼ 교배종인 거봉(왼쪽), 유럽종(가운데), 미국종(오른쪽) 포도야.

양털을 깎되 가죽까지 벗겨서는 안 된다

옛날 영국의 한 마을에 가난한 소년이 살았어. 어느 날 소년의 엄마가 말했지.

"빵을 만들어 줄 테니 헛간에서 오트밀 좀 가져오렴."

소년이 헛간에서 오트밀을 담아 나오는데, 하필 세찬 북풍이 불어 오트밀이 다 날아가 버렸어. 소년은 눈물을 글썽거리며 빈 그릇을 내밀었지.

"괜찮아. 내일 엄마가 더 맛있는 빵을 사 줄게."

소년은 주먹으로 눈물을 훔치며 말했어.

"엄마, 제가 북풍에게 오트밀을 돌려달라고 할게요."

소년은 냇물을 건너고 산을 넘어 북풍의 집을 찾아갔어.

"북풍 씨, 당신이 날려 버린 오트밀을 어서 돌려주세요."

그러자 북풍이 웃으며 말했지.

"오트밀은 흩어져 없구나. 대신 무엇이든 나오는 이 식탁보를 가져가렴."

소년은 식탁보를 받고는 집으로 돌아가는 길에 날이 저물어 한 여관에 머물렀지. 소년은 배가 고파 식탁보를 펼쳤어.

"식탁보야, 음식을 차려라."

그러자 식탁보 위에 고기와 빵, 과일과 따뜻한 우유가 차려졌어. 이 모습을 본 여관 주인은 소년이 잠든 틈을 타, 다른 식탁보와 소년의 식탁보를 몰래 바꿔 두었어.

소년은 집으로 돌아와 엄마에게 마법 식탁보를 펼쳐 보였지만, 아무것도 나오지 않았어. 소년은 다시 북풍을 찾아가 말했어.

"북풍 씨, 그런 엉터리 식탁보를 주시다니 너무해요."

그러자 북풍은 이번에 돈을 뱉는 염소를 한 마리 주었어.

소년은 집에 돌아가는 길에 지난번과 같은 여관에 머물렀어. 여관에 머무를 값을 내려는데 돈이 모자라자 염소에게 소리쳤지.

"염소야, 돈을 뱉어라."

그러자 염소가 짤랑짤랑 동전을 내뱉는 거야. 여관 주인은 이번에도 소년이 잠들었을 때 이웃 농장의 염소와 소년의 염소를 바꿨지. 아침에 소년은 염소를 끌고 집으로 돌아가 염소가 돈 뱉는 것을 보여 주려 했지만 염소는 '매~ 매~' 울 뿐이었어. 소년은 다시 북풍을 찾아갔지.

"북풍 씨, 이번에도 엉터리 염소를 주시다니 정말 너무해요."

그러자 이번에는 북풍이 몽둥이 하나를 주는 거야.

"무슨 일이 생겼을 때 '몽둥이야, 두드려라.'라고 말하렴."

소년은 몽둥이를 들고 늘 묵던 여관으로 갔어. 밤이 되자 여관 주인은 소년이 잠든 방에 들어왔어. 뭔지는 모르지만 소년의 몽둥이가 마법 몽둥이일 거라 생각했지. 여관 주인이 몽둥이에 손대자 소년이 소리쳤어.

"몽둥이야, 두드려라!"

그러자 몽둥이가 여관 주인을 흠씬 두들겨 패는 거야. 여관 주인은 결국 소년에게 싹싹 빌고 식탁보와 염소도 돌려주었지. 소년은 마법을 부리는 식탁보와 염소, 몽둥이를 가지고 집으로 돌아와 엄마와 행복하게 오래오래 살았대.

양털을 깎되 가죽까지 벗겨서는 안 된다는 속담이 있어. 지나친 욕심을 부리다가는 여관 주인처럼 낭패를 볼 수 있단다.

욕심을 부리며 남의 것을 빼앗을 때와 욕심을 버리고 내 것을 나누어 줄 때 중 어떤 때에 더 마음이 편할까?

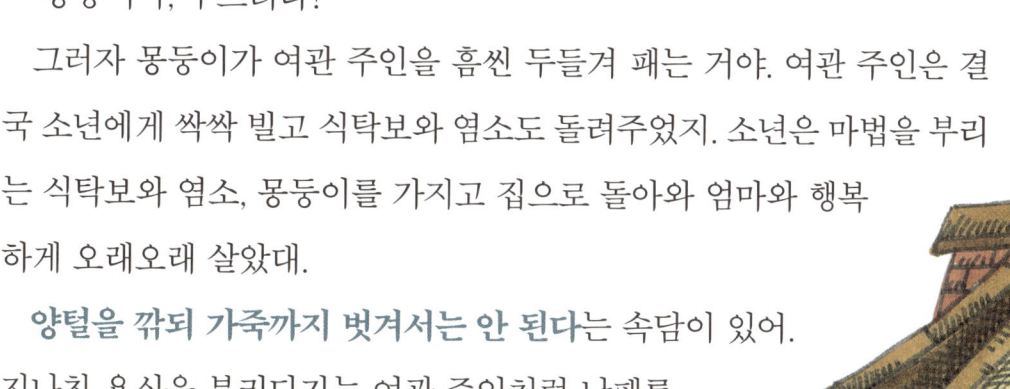

푸른 박사의 생태 이야기

양털을 깎는 것은 사람에게만 좋을까?

양은 소나 개처럼 아주 오래전부터 사람에게 길들여져, 사람과 함께 살아온 동물이야. 사람들은 양으로부터 고기와 털, 우유를 얻어 왔지. 양은 원래 겁이 많은 동물이기도 하지만, 이제는 사람에게 길들여졌기 때문에 가축으로 키우는 양들은 야생성이 거의 없어. 그래서 양치기 개가 모는 대로 움직이기도 하고, 양을 위협하는 육식 동물이 공격을 하려고 덤벼도 도망가지 못한 채, 우왕좌왕하기도 해.

양털은 따뜻한 옷의 재료로 사람에게 아주 유용하게 쓰이는데, 사실 양털을 깎는 게 사람에게만 좋은 것은 아니야. 만약에 양의 털을 주기적으로 깎아 주지 않는다면, 너무 길게 자라 버려서 더운 여름에는 견디기 힘들어져. 뿐만 아니라 많이 자란 털의 무게가 양의 몸을 눌러서 양이 제대로 활동을 할 수가 없거든. 실제로 몇 년 동안 깎지 않은 양의 털을 무게로 재면 수십 킬로그램에 달한다고 하니, 털갈이로 저절로 털이 빠지지 않는 이상은 사람이 주기적으로 양의 털을 깎아 줄 수밖에 없지.

양털을 깎는 게 꼭 사람에게만 좋은 것은 아니었군요.

▲ 가축화된 양은 야생성이 거의 사라졌어.

▲ 양의 털을 깎는 모습이야.

넓은 목장에서 양을 키우고 있는 오스트레일리아나 뉴질랜드 같은 나라에서는 실제로 양의 털을 주기적으로 깎아 주지 않으면 동물 학대로 여기기도 한대. 양은 포유동물 중에 뇌가 큰 편인데, 한번 본 사람의 얼굴을 기억하고 사람의 표정만 보고도 감정을 알 수 있을 만큼 영리하다는 연구 결과가 있단다.

양털은 1년에 한 번, 주로 봄에 깎는답니다.

모든 양이 온순할까?

흔히 착한 사람을 양처럼 순하다고 하지? 양이 사람에 의해 길들여지면서 다른 동물에 비해 겁이 많고 온순한 것은 사실이지만, 사실은 고집이 세고 성질을 부리는 경우도 있어. 화가 나서 사람을 들이받는 양도 있지. 양치기가 양을 돌보던 중세 시대에는 양에게 공격을 받아 양치기가 죽는 일도 가끔씩 있었다고 해. 그래서 더운 여름에도 붙어 있는 양들을 두고, 우스갯소리로 다른 양들을 더 덥게 하려는 양의 못된 성질 때문이라는 이야기도 있어.

사실 이런 행동은 뜨거운 태양 빛을 좀 덜 받기 위해서라고 해. 반대로 추운 겨울에는 서로 떨어져 있는단다.

▶ 더운 여름 서로 붙어 있는 양들의 모습이야.

다시 읽는 세계 속담 36 영국

진흙탕은 뱀장어를 질식시키지 않는다

마크 트웨인은 〈톰 소여의 모험〉, 〈허클베리핀의 모험〉 등과 같은 책을 남긴 미국의 작가야. 어릴 때 미시시피 강 주변에서 놀던 경험이 작품을 쓰는 데 밑바탕이 되었지.

가난한 농촌 집안에서 태어난 트웨인은 제대로 된 학교 교육조차 받지 못했어. 트웨인이 11살 때 아버지가 세상을 떠나고 인쇄소의 견습공이 되어 일을 했지. 하지만 트웨인은 희망을 버리지 않았어.

"인쇄소라 글자라도 보는군. 글도 보고 일도 하니 얼마나 좋아?"

그러던 어느 날 트웨인은 길거리에서 바람에 날리는 종이 한 장을 주웠어. 종이에는 프랑스의 소녀 잔 다르크가 나라를 위해 싸우다 체포되어 감옥에 갇혔다는 내용의 글이 적혀 있었지.

"이렇게 흥미진진한 역사 속 인물이 있다니!"

마크 트웨인은 밤을 새우며 잔 다르크에 대한 책을 읽고 연구를 했어. 그러다 마침내 〈잔 다르크의 회상〉이라는 책을 내고, 이 책으로 작가가 되었지. 하지만 그 당시 글을 쓰는 것만으로는 생활이 되지 않았어. 그래서 22살 때부터는 미시시피강을 오가는 증기선의 길잡이 일을 했어. 미

시시피강에서 나고 자란 트웨인에게 딱 맞는 일거리였지.

 사실 마크 트웨인의 본명은 새무얼 랭혼 클레멘스야. '마크 트웨인'은 작품에만 쓰는 필명으로, '배가 지나가기에 안전한 깊이'라는 뜻이야. 이 말은 뱃사람들끼리 쓰던 말이지.

 진흙탕이 뱀장어를 숨 막혀 죽게 하는 법이 없듯이 마크 트웨인도 어려운 형편 때문에 기죽거나 우울해하지 않았어. 오히려 힘들었던 환경이 훗날까지 널리 읽힐 소설의 밑바탕이 되어 주었단다.

힘든 환경을 발판 삼아서 성공한 인물들은 또 누가 있을까?

푸름 박사의 생태 이야기

뱀장어는 진흙 속에서 겨울을 보낸다고?

▶ 뱀장어는 우리나라, 일본, 중국 등에 살고 있어.

요리 재료로 많이 쓰이는 뱀장어는 어디에 사는 뱀장어인가요?

　　뱀처럼 길쭉한 몸을 가진 뱀장어는 바다에서 부화하지만, 강으로 거슬러 올라가 사는 물고기야. 흔히 강이나 크고 작은 하천, 호수 및 저수지 같은 곳에서 살아가지. 뱀장어의 몸은 등지느러미, 뒷지느러미, 꼬리지느러미가 하나로 이어져 있고, 배지느러미는 없어. 비늘은 없는 것처럼 보이지만, 작은 비늘이 피부에 묻혀 있지. 뱀장어는 아가미로 숨을 쉬지만 피부로도 숨을 쉬는데, 낮에는 돌이나 풀 사이, 진흙 속에 몸을 숨기고 있다가 밤이 되면 신나게 헤엄치며 실지렁이나 어린 물고기, 새우나 곤충 같은 먹이를 잡아먹는단다. 뱀장어가 태어나는 바다는 그 깊이가 수천 미터나 되는 아주 깊은 바다인데, 알에서 깨어난 후 이른 봄부터 강으로 거슬러 올라가. 물의 온도가 낮아지기 시작하면 뱀장어는 진흙이나 굴속에서 겨울을 보내고, 물 온도가 따뜻해지는 봄에 다시 활동을 하지.

뱀장어 암컷은 4~5년 정도, 수컷은 3~4년 정도 자라면 짝짓기를 할 수 있는데, 짝짓기를 할 때가 되면 8~10월쯤 다시 바다로 돌아가. 바다로 돌아갈 때쯤에는 생식 기관이 발달하는 대신 소화 기관은 퇴화해. 그래서 이때는 먹이를 먹지 않지. 그리고 몸 색깔은 짙은 검정색으로 변해. 알 낳을 곳을 찾아 바다로 돌아간 뱀장어는 짝짓기를 한 후 700~1200만 개나 되는 알을 낳고는 죽는단다. 뱀장어는 여러 환경에서도 잘 적응하는 편이라서, 어떤 경우는 바다에서 강으로 거슬러 올라가지 않고, 강에서만 또는 바다에서만 살아가기도 한단다.

먹기 위해 잡는 뱀장어는 강을 거슬러 올라오는 실뱀장어를 잡아 일부러 기른 것들이랍니다.

추운 계절 강에서 볼 수 있는 물고기들

계절에 따라 사는 곳을 옮기는 동물들이 많은데, 점점 쌀쌀해지는 날씨에는 사는 곳을 옮기는 물고기들이 많이 있어.
9~10월에 알을 낳는 은어는 알을 낳기 위해 강에서 바다로 돌아가는 뱀장어와 반대로, 바다에서 강으로 돌아오는 물고기야. 그래서 가을철 강에서 은어를 볼 수 있는데, 맑은 물에서만 생활하기 때문에 오염된 강에서는 볼 수가 없어. 은어처럼 연어도 가을이나 겨울에 알을 낳기 위해 강으로 돌아오는 물고기란다.

▼ 은어는 우리나라의 하천에서 쉽게 볼 수 있어.

배는 익으면 떨어져야 한다

아이작 뉴턴은 '만유인력의 법칙'을 발견한 영국의 물리학자야. '만유인력'이란 질량을 가진 모든 물체가 서로 잡아당기는 힘을 말해. 그런데 뉴턴이 이 위대한 법칙을 발견할 수 있었던 건 한 가지에 집중하는 힘이 있었기 때문이야.

어느 날 뉴턴이 연구실에서 공부하다 배가 고파서 달걀을 삶아 먹으려고 할 때였어.

"10분 정도면 알맞게 익겠지? 이 시계로 시간을 재면 되겠군."

뉴턴은 냄비를 불에 올려놓고 책에 빠져 한참 있다가 시계를 보았어. 그런데 손에 쥐어져 있던 것은 시계가 아니라 달걀이었지.

"앗, 내 시계!"

뉴턴이 냄비 뚜껑을 여니, 냄비 안에 시계가 들어 있는 거야.

어느 해 영국에 전염병인 페스트가 들끓었어. 뉴턴도 페스트를 피하기 위해 캠브리지 대학교를 떠나 고향 마을에 가 있었지. 그 시기에 뉴턴은 우주에 작용하는 힘에 대해 연구 중이었어. 뉴턴은 고향 마을에 있는 사과나무 그늘에 앉아 책을 보며 고민을 하고는 했어. 그러던 어느 날 사과

나무에 달려 있던 사과가 뉴턴의 머리 위로 쿵 하고 떨어졌지. 바로 그때, 뉴턴은 그동안 해 오던 고민의 실마리를 찾게 됐어.

"사과는 지구가 끌어당기는 힘에 의해 땅에 떨어진 게 아닐까?"

그렇게 뉴턴은 만유인력의 법칙을 발견하기에 이르렀단다. **배는 익으면 떨어져야 한다**는 말처럼, 익은 배는 당연히 땅으로 떨어져. 적절한 과정과 노력을 거치면 그에 맞는 결과를 얻는 것이 당연한 것처럼, 한 가지에 몰두해서 연구한 뉴턴이 위대한 업적을 남긴 것도 당연한 일이 아닐까?

당연히 얻어야 할 결과를 얻지 못해 속상했던 적은 없었니?

다 익은 배는 떨어질 수밖에 없다고?

▲ 배나무에 누렇게 익은 배가 열려 있어.

배는 사과나 포도처럼 열매를 먹으려고 심어 기르는 배나무의 열매야. 물기를 가득 머금은 하얀 속살이 아주 달고 시원해서, 우리나라에서도 오래전부터 사랑받아 온 과일이야. 특히 봄에 배 밭 가득히 피는 하얀 꽃이 아주 곱고도 환상적인 풍경을 이루지.

배나무는 원래 10미터도 넘게 자라는 큰 나무야. 하지만 배나무를 키우고 과일을 얻으려면 일하기가 좋게 배나무의 나뭇가지를 자르고 다듬어야 해. 그래서 과수원에서 키우는 배나무들은 키가 작은 것들이 많지. 봄이 되면 피는 하얀 꽃에서 가루받이가 끝나면 아주 작은 초록색 열매가 열려. 그리고 이 열매가 굵어지고, 가을이 되면 누렇게 익어서 우리가 먹는 배가 되는 거야.

배는 맛도 좋을 뿐 아니라, 약으로도 많이 쓰여. 그러니 다 익은 배를 사람들이 그대로 둘 리는 없겠지?

배는 크게 일본배, 중국배, 서양배로 그 종류가 나뉘는데, 우리나라에서 재배되는 배는 대부분 일본배야. 일본 지역과 우리나라 남부 지

우리나라 배는 세계적으로도 맛 좋기로 유명하죠?

▲ 봄에 피는 하얀 배꽃은 주로 세 송이씩 모여서 피어.

역, 중국의 양쯔강 쪽에 퍼져 있는데, 과즙이 풍부하고 시원한 맛이 특징이지. 중국배는 중국의 일부 지역과 우리나라 북부 등의 살돌배를 중국에서 개량한 배인데, 꽃이 빨리 피고 과일이 크며, 푸른색을 띤단다. 서양배는 유럽 중부와 터키 지역 일부에 야생으로 자란 배나무에서 얻을 수 있는 배로, 맛과 향이 좋은 것이 특징이란다.

약효가 좋은 배

배는 누런 껍질을 깎아 그냥 먹어도 맛있지만, 약으로도 많이 쓰여. 열을 내리고 기침을 멎게 하며, 가래를 없애 주는 효과가 있어서 감기나 천식 같은 기관지 질환에 아주 좋아. 또 소화를 도와주어서 소변이나 대변이 잘 나오게 하는 효과가 있지. 뜨거운 불에 데어 상처를 입었을 때에도 데인 자리에 배를 얇게 갈아서 붙이기도 해.

배로 통조림이나 주스, 잼을 만들어 먹기도 하고, 고기를 연하게 하면서 맛을 좋게 하는 등의 요리 재료로 많이 쓰기도 한단다.

▼ 배는 다양한 음식 재료로 쓰여.

전라도 나주, 전주, 함경도 의주는 특히 맛 좋은 배가 나는 곳으로 유명하답니다.

다시 읽는 세계 속담 38 — 인도

해가 저문 뒤 반딧불이는 '우리가 세상에 빛을 줬지'라고 생각한다

미국의 옛 대통령, 링컨을 아니? 마른 얼굴에 텁수룩한 수염을 기른 흑백 사진을 어디선가 본 적이 있을 거야. 링컨의 수염에는 재미난 사연이 있단다. 링컨이 대통령이 되기 위해 연설을 다닐 때는 깡마른 몸에 볼이 움푹 팬 모습이었어. 하지만 허약해 보이는 겉모습과 달리 링컨의 정치 신념은 아주 강했지.

링컨은 미국의 노예를 해방시켜야 하고, 국민이 정치의 주인으로 나서야 한다고 주장하며, 훗날 세계의 민주주의에 큰 영향을 주었어. 그래서 링컨이 대통령이 되기를 바라는 사람들이 많았단다.

176

'그레이스 베델'이라는 열 한 살 소녀도 링컨이 대통령이 되기를 바랐어. 베델은 링컨에게 편지를 썼지.

"저는 아저씨처럼 훌륭한 분이 대통령이 되기를 바라고 있어요. 그런데 아저씨 얼굴이 너무 홀쭉해요. 만약 턱수염을 기르시면 훨씬 더 멋져 보일 거예요. 여자들도 턱수염이 있는 남자들을 좋아해요. 아저씨가 턱수염을 기르신다면 많은 아주머니들이 남편에게 링컨 아저씨를 대통령으로 뽑으라고 설득할 거예요."

링컨은 베델의 편지를 받고는 베델의 충고를 진심으로 받아들여 턱수염을 기르기 시작했단다. **반딧불이는 자신들이 세상에 빛을 주었다고 생각한다**는 말처럼, 어쩌면 베델은 자신의 충고가 훌륭한 대통령 링컨을 만들었다고 여길지도 모르겠구나.

?!
반딧불이가 세상에 빛을 주었다고 생각하는 걸
착각이라 여길 수도 있지만,
작은 힘이 모이면 정말로 세상을 바꿀 수도 있어.

푸름 박사의 생태 이야기

반딧불이는 알에서도 빛을 낸다고?

다 자란 반딧불이는 이슬을 먹고 살지요.

▼ 애반딧불이(왼쪽), 늦반딧불이(가운데), 운문산반딧불이(오른쪽)는 우리나라에 사는 반딧불이 중 빛을 내는 반딧불이야.

노래에도 나오는 '개똥벌레'라는 이름을 들어 봤니? 개똥벌레는 반딧불이를 다르게 부르는 이름이야. 반딧불이는 그 이름에서도 짐작할 수 있듯이 몸에서 깜빡깜빡 빛을 내는 곤충이야. 반딧불이도 종류가 다양한데, 우리나라에는 7종류의 반딧불이가 있다고 알려져 있고, 그중 빛을 내는 반딧불이는 애반딧불이, 늦반딧불이, 운문산반딧불이로 3종이 있지. 반딧불이 애벌레도 종류마다 먹이가 다른데, 어떤 반딧불이 애벌레는 물속에서 다슬기나 물달팽이를 먹고 살고, 어떤 반딧불이 애벌레는 땅 위에서 달팽이를 먹고 살아. 다 자란 애벌레는 늦은 봄 땅 위에서 번데기가 되고, 한 달 정도가 지나면 날개가 돋는 어른벌레가 돼. 그런데 이때 입이 퇴화되어 아무것도 먹지 못하지만, 몸에 쌓여 있던 영양분으로 잘 버텨. 이때 암컷 반딧불이는 날개가 퇴화되어 날 수가 없어. 그래서 땅 위나 풀 위에 앉아 깜빡깜빡 불빛을 내며 수컷을 기다

린단다.

　반딧불이 종류마다 빛의 밝기나 깜빡거리는 속도 등이 다른데, 늦반딧불이는 암컷과 수컷이 빛으로 서로를 알아낼 수 있어. 암컷이 보내는 신호에 수컷 무리가 날아드는데, 반딧불이가 내는 빛은 뜨거운 열이 나지 않는 차가운 빛으로 노란색, 푸른색을 띠어. 그리고 어른벌레뿐 아니라 알과 애벌레, 번데기도 빛을 낸단다. 애반딧불이는 짝짓기를 하고 암컷 반딧불이가 물가에 있는 풀뿌리 등의 축축한 곳에 알을 낳으면, 11~13일 후에 죽고 마는 수명이 짧은 곤충이야. 요즘 우리나라에서는 하천 오염 및 가로등의 강한 불빛 때문에 옛날처럼 자주 보기 힘든 곤충이 되었단다.

▲ 어두운 밤 반딧불이들이 빛을 내고 있어.

> 우리나라에 사는 반딧불이 중에 늦반딧불이가 불빛이 가장 밝은 반딧불이지요.

몸에서 빛을 내는 동식물들

반딧불이처럼 몸에서 빛을 내는 동물들이 또 있어.
출렁이는 밤바다에서 파란빛을 내뿜는 야광충, 갯지네, 바다선인장이 있고, 흰색, 푸른색, 붉은색 등의 형형색색 빛을 내는 심해 오징어, 거미 불가사리, 빛멍게 등이 바로 몸에서 빛을 내는 동물들이야.
동물뿐 아니라, 세균이나 버섯 중에도 빛을 내는 것이 있지. 이 동식물들이 내는 빛은 사람의 눈으로 알 수 있는 가시광선 범위 안에 있는 빛이란다.

▲▶ 바다에 사는 야광충(위쪽)과 거미불가사리(오른쪽)도 몸에서 빛을 내는 동물들이야.

달팽이가 점액을 흘려도 그 이유를 묻지 마라

프랑스의 조각가 로댕은 어린 시절부터 미술에 재주가 뛰어났어. 받아쓰기, 라틴어, 수학과 같은 과목은 거의 낙제 수준이었지만 미술 수업 시간만 되면 유난히 돋보이는 학생이었지.

로댕의 아버지는 로댕이 목수가 되기를 원했지만 로댕의 꿈은 오로지 미술가였어. 유일하게 둘째 누나만이 로댕의 꿈을 응원해 주었지.

"로댕, 넌 정말 특별한 재주를 가졌어."

로댕은 누나와 함께 부모님을 설득해 미술 학교에 가게 됐어.

그런데 로댕이 22살이 되던 해에 수녀원에 있던 누나가 병으로 세상을 떠나고 말았지.

"유명한 조각가가 된 모습을 누나에게 보여 주고 싶었는데……."

로댕은 그토록 좋아하던 미술도 그만두고 성직자가 되겠다며 수도원에 들어가서 수도 생활에만 집중했지. 그러던 어느 날 로댕은 자기도 모르게 나무를 깎아 조각품을 만들고 있었어.

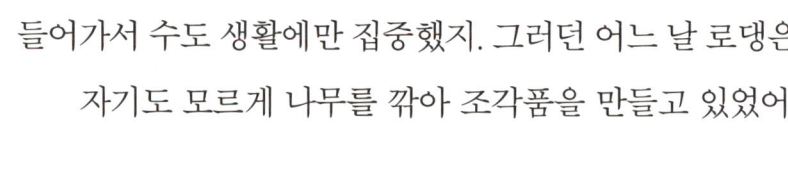

로댕의 조각품을 본 에마르 수도원장은 금방 로댕의 실력을 알아보았지.

"로댕, 자네는 신부보다는 조각가가 더욱 어울리겠네."

수도원장은 그때부터 로댕이 그림과 조각 공부를 할 수 있도록 배려해 주었어. 예술을 잊으려고 온 수도원에서 오히려 예술에 대한 열정이 되살아났지. 로댕은 결국 수도원을 떠나 조각 공부를 한 끝에 유명한 조각가가 되었단다. **달팽이가 점액을 흘려도 이유를 묻지 않는 법**이라고 했어. 아무리 숨기려고 해도 자연스럽게 흘러나오는 게 있듯이, 로댕의 예술적 열정과 재능도 마찬가지였던 거야.

일부러 드러내지 않아도 자연스레 나오는 능력이나 타고난 매력이라고 생각되는 것이 있니?

푸름 박사의 생태 이야기

달팽이 점액은 치료 효과가 있을까?

▲ 달팽이가 지나간 자리에는 끈끈한 점액이 묻어 있어.

물렁물렁한 몸에 단단한 껍데기를 등에 지고 느릿느릿 기어가는 달팽이는 축축한 곳을 좋아하기 때문에 비오는 날에 많이 볼 수 있어. 달팽이가 두 쌍의 더듬이를 늘였다 줄였다 하면서 꾸물꾸물 기어가고 난 자리에는 끈끈한 점액 자국이 남아 있지. 이 점액 때문에 달팽이의 물렁물렁하고 연한 몸이 다치지 않고 잘 다닐 수 있는 거란다. 그런데 이 달팽이의 점액은 달팽이의 몸을 치료하는 효과도 있다고 해.

칠레는 서늘하고 습한 편이어서 달팽이가 살기 좋은 조건을 갖추고 있기 때문에 농가에서는 식용 달팽이를 많이 기르고 있어. 한 피부과 의사가 1980년대 칠레에서 달팽이를 기르던 사람들은 피부에 상처가 나도 금방 낫는 것을 관찰하고는 달팽이를 연구했어. 연구 결과 달팽이가 피부에 상처를 입었을 때 점액을 내는데, 이 점액이 달팽이의 피부를 치료하고, 등의 껍데기가 깨지거나 했을 때 껍데기를 복구하는 효과가 있다는 것을 알아낸 거야. 그래서 칠레에서는 달팽이가 지나갈 때 생기는 점액을 사람 손으로 직접 채취해서 달팽이 크림을 만들었어. 이 크림은 1990년대에 출시되면서 칠레의 대표 화장품이 되었지. 우리나라에서도 달팽이 크림을 수입해서 판매를 하는 경우가 많은데, 여드름이나 흉터 치료제 등으로 효과가 좋다는 광고가 종종 나오기도 해. 하

달팽이는 자기 피부에 상처가 나거나 등의 껍데기가 깨졌을 때 스스로 복구할 수 있군요.

◀ 달팽이 점액을 이용한 화장품(왼쪽)과 달팽이를 이용한 요리(오른쪽)야.

지만 화장품 회사에서 광고하는 성분들이 여드름이나 흉터 치료에 효과적이라는 연구 사례가 없는 경우가 있고, 효과가 있다고 해도 달팽이 추출물을 희석한 것으로 순수한 점액은 아주 적은 양만 들어가 있는 경우가 많기 때문에 큰 효과를 보기는 어렵다고 해.

달팽이 크림에 대한 효능의 과대 광고는 주의해야겠지요?

이빨이 엄청나게 많은 달팽이

달팽이는 더듬이를 두 쌍 가지고 있어. 큰 더듬이 끝에 눈이 하나씩 있고, 작은 더듬이 사이에는 입이 있지. 이 작은 더듬이로는 냄새를 맡고 맛도 볼 수 있어. 아주 자그마한 달팽이지만, 입속에는 혀도 있고, 혀에는 까칠까칠한 이가 나 있는데 자그마치 만 개도 넘어. 이 까칠까칠한 이로 이끼나 나뭇잎 등을 갉아 먹는 거야.

달팽이는 봄에서 초여름 사이 축축한 땅에 구멍을 파고 동그란 알을 낳는데, 한 달 정도가 지나면 알에서 달팽이 새끼가 태어난단다.

▲ 달팽이 이빨

엉겅퀴를 뿌린 사람은 가시를 거둘 것이다

다시 읽는 세계 속담 40 · 영국, 미국

한 마을에 엄마 돼지와 아기 돼지 다섯 마리가 함께 살고 있었어. 아기 돼지 다섯 마리 중에 막내는 가장 버릇이 없었지. 그리고 아무 데나 마음대로 쏘다니기를 좋아했어.

어느 더운 여름날, 다른 때처럼 막내 돼지는 밖으로 나갔어.

뒤뚱뒤뚱 걷는 막내 돼지를 본 당나귀가 물었지.

"어딜 그렇게 가고 있니?"

그러자 막내 돼지가 비웃으며 말했어.

"풀이나 뜯을 것이지, 내가 어딜 가는 게 뭐가 궁금한데? 그 길다란 귀나 잘 간수하지 그래?"

막내 돼지의 버릇없는 말에 당나귀는 기분이 나빴어. 그런데 막내 돼지는 사과 한마디 없이 계속 가던 길을 갔지.

한참 가던 막내 돼지에게 지나가던 거북이 물었어.

"돼지야, 어디 가는 길이니?"

이번에도 막내 돼지는 코웃음치며 말했어.

"느림보 주제에 가던 길이나 가지 그래? 남 일에 관심 꺼!"

거북은 막내 돼지의 말에 화가 나서 얼굴이 붉어졌어. 하지만 막내 돼지는 아무 일 없다는 듯이 앞만 보고 걸었지. 그러다 연못 근처를 지나는데 이번에는 개구리가 말을 걸었어.

"돼지야, 어디 가는 거야? 뭐 재밌는 일이라도 있어?"

역시나 막내 돼지는 버릇없이 내뱉었지.

"입 큰 개구리야, 개굴개굴 울기나 하지 남 일에 뭔 상관이니?"

막내 돼지의 말에 개구리는 어이가 없었어.

막내 돼지는 더 이상 말을 거는 동물들한테 대꾸하기도 귀찮아져서 다른 길로 걸었어. 그런데 그 길에 당근이 가득 있는 채소밭이 나타났지.

"와, 맛있는 당근이다! 어디 한번 배터지게 먹어 볼까?"

막내 돼지가 당근을 먹으려는 순간, 채소밭 주인 집의 개가 그 모습을 보고는 쫓아오기 시작했어. 막내 돼지는 부리나케 도망갔지. 한참을 도망가던 막내 돼지 앞에 개구리가 보였어.

"개구리야, 나 좀 도와줘!"

그러자 개구리가 코웃음치며 말했지.

"큰 입으로 개굴개굴 울기도 바빠서 못 돕겠는데?"

막내 돼지가 어쩔 수 없이 계속 도망치다가 거북을 보았어.

"거북아, 제발 나 좀 도와줘!"

거북은 느릿느릿 대답했지.

"난 느림보라 널 도울 수가 없네."

한참을 다시 도망치던 막내 돼지는 당나귀에게 부탁했어.

"제발 부탁이야. 당나귀야, 나 좀 도와주라."

당나귀는 들은 척도 안 하며 말했어.

"나도 풀 뜯느라 바빠서. 길다란 귀 간수하기도 바쁘고."

엉겅퀴를 뿌린 사람은 가시를 거두듯, 다른 동물 친구들에게 가시같은 말을 내뱉던 막내 돼지는 결국 친구들의 도움을 받지 못하고, 채소밭 주인 집 개에게 엉덩이를 크게 물리고 말았단다.

**나쁜 행동은 가시가 되어,
다른 사람에게 피해를 줄 뿐만 아니라
나 스스로에게도 독이 되고 만단다.**

푸름 박사의 생태 이야기

엉겅퀴 가시는 얼마나 날카로울까?

엉겅퀴는 초여름에 크고 화려한 자주색 꽃을 피우는 여러해살이 식물이야. 들이나 산에 곧게 자라는 엉겅퀴는 50센티미터부터 100센티미터까지 크게 자라는 편이지. 곧게 자란 줄기에 잎이 어긋나게 붙는데, 잎 가장자리에는 날카로운 가시가 나 있어. 그래서 '가시나물'로 불리기도 해. 이 가시는 날카로워서 살갗에 잘못 닿으면 따갑고 피가 날 수도 있어. 이 엉겅퀴 가시에 얽힌 특별한 이야기도 있어. 스코틀랜드에 쳐들어온 바이킹 전사가 스코틀랜드의 성벽을 오르다가 엉겅퀴 가시에 찔려서 그 고통 때문에 크게 비명을 질렀는데, 그 소리를 들은 스코틀랜드의 병사는 적이 쳐들어온 것을 알아챘대. 그래서 발빠르게 움직여 바

엉겅퀴는 민들레나 질경이처럼 들이나 밭, 길가에서도 흔히 볼 수 있는 풀이지요.

▲ 지느러미엉겅퀴야.
▶ 가시엉겅퀴(위)와 고려엉겅퀴(아래)야.

이킹 전사들을 물리치고 스코틀랜드를 지켜 냈다고 해. 그 이후 엉겅퀴는 스코틀랜드의 국화가 되었다고 전해져.

우리나라에 사는 엉겅퀴는 여러 가지 종류가 있어. 지느러미엉겅퀴는 줄기에 물고기의 지느러미 같이 이어진 선이 있어서 붙여진 이름인데, 유럽에서 건너와 우리나라에 자리를 잡은 엉겅퀴야. 제주도에 사는 가시엉겅퀴는 가시가 유난히 크고 날카로워서 붙여진 이름이지. 울릉도에 사는 섬엉겅퀴도 있고, 흔히 무쳐 먹거나 나물로 많이 해 먹는 고려엉겅퀴는 일명 '곤드레나물'이라고 불리는 엉겅퀴야. 최근 고려엉겅퀴는 농가의 수입원이 되고 있어서, 큰 인기가 있단다. 또 강원도 이남 높은 곳에서 사는 정영엉겅퀴도 있어.

엉겅퀴는 추운 겨울을 이겨 내고 봄까지 파릇파릇할 만큼 강한 식물이야. 특히 먹거리나 약으로 이용되는 등 그 쓰임이 많단다.

▲ 곤드레나물을 이용한 곤드레나물밥이야.

엉겅퀴는 수많은 씨앗을 만들고 씨앗에 털이 달려 있어서 바람에 의해 멀리까지 날아갈 수 있답니다. 그래서 주변에서 쉽게 관찰할 수 있어요.

쓸모가 많은 고마운 식물

엉겅퀴는 어린잎이나 부드러운 줄기, 뿌리 등을 먹을 수 있어. 데쳐서 무쳐 먹기도 하고, 튀겨서 먹기도 해. 줄기는 샐러드로 먹거나 무침, 볶음 등 여러 가지 방법으로 요리해 먹을 수 있어. 엉겅퀴는 음식 재료로 맛도 좋을 뿐 아니라 약효도 아주 좋은데, 피를 멎게 하는 효과가 있어서 피가 날 때 엉겅퀴를 빻아서 상처에 붙이면 피를 멈추게 할 수 있대. 신경통이나 고혈압, 관절염 등에도 효과가 좋아서 옛날 어른들은 많이 엉겅퀴로 즙을 내서 마셨어. 또한 위를 튼튼하게 하고, 염증을 가라앉히는 효과가 있다고 하니, 사람에게는 정말 고마운 식물이지?

▶ 엉겅퀴류는 약재로도 많이 쓰여.

찾아보기

가락지나물 • 139
가시나물 • 188
가시엉겅퀴 • 188, 189
가젤 • 106, 107
갑상선가젤 • 107
개미 • 82, 83
갯지네 • 179
거미불가사리 • 179
건지 • 46, 47
검독수리 • 78
게 • 62
고려엉겅퀴 • 188, 189
곤드레나물 • 189
극동전갈 • 148, 149
금강뫼제비꽃 • 139
금강봄맞이 • 139
기는줄기 • 120, 121
꺾꽂이 • 120
꽃잔디 • 138, 139
낙타 • 16, 17
노각 • 87
노루 • 74, 75

늦반딧불이 • 178, 179
단봉낙타 • 17
달팽이 • 182, 183
대나무 • 68, 69
데스스토커 • 149
돼지 • 144, 145
돼지코스컹크 • 124
두루미 • 50, 51
등에 • 74, 75, 117
똥풍뎅이 • 134
말 • 28
맥문동 • 138, 139
머릿니 • 156, 157
멧비둘기 • 95, 110
몸니 • 156, 157
무족도마뱀 • 59
무화과나무 • 24, 25
무화과좀벌 • 24
물개 • 131
바다선인장 • 179
바다코끼리 • 131
바오밥나무 • 102, 103

바위비둘기 • 110
반딧불이 • 178, 179
밤게 • 62, 63
배 • 174
뱀 • 58, 59
뱀장어 • 170, 171
버드나무 • 42, 43
베짜기개미 • 83
벨벳재니등에 • 117
부엉이 • 78, 79
비둘기 • 110, 111
빌로오도재니등에 • 116, 117
빛멍게 • 179
사슴풍뎅이 • 135
살돌배 • 175
서양배 • 174, 175
셔틀랜드포니 • 29
소 • 46, 47
소쩍새 • 78, 79
솔개 • 95
수경 재배 • 121
수리부엉이 • 95

수염풍뎅이 • 134
스컹크 • 124, 125
심해 오징어 • 179
쌍봉낙타 • 17
아프리카 회색앵무새 • 21
악어 • 130, 131
애반딧불이 • 178
앵거스 • 46, 47
앵무새 • 20, 21
야광충 • 179
양 • 166, 167
양비둘기 • 110
얼룩스컹크 • 124, 125
엉겅퀴 • 188, 189
연어 • 36, 37
영양 생식 • 120
영양류 • 106, 107
오이 • 86, 87
옥수수 • 54, 55
올빼미 • 78, 79
와규 • 46, 47
왕관앵무새 • 20

왕풍뎅이 • 134
운문산반딧불이 • 178, 179
은어 • 171
이 • 156, 157
일본배 • 174, 175
잉꼬 • 20
잎꽂이 • 121
잎꾼개미 • 82, 83
자나방 • 98, 99
자벌레 • 98, 99
잡초 • 138, 139
장수풍뎅이 • 134, 135
재규어 • 90, 91
전갈 • 148, 149
접붙이기 • 120, 121
제비 • 95
제주마 • 29
조랑말 • 28, 29
종다리 • 94, 95
줄무늬스컹크 • 124, 125
중국배 • 174, 175
지느러미엉겅퀴 • 188, 189

지피 식물 • 138, 139
집비둘기 • 110
참콩풍뎅이 • 135
청동풍뎅이 • 134
치타 • 90, 91
침팬지 • 21
캐모마일 • 138, 139
톰슨가젤 • 107
파리 • 116
포도 • 160, 161
표범 • 90, 91
풍뎅이 • 134, 135
한우 • 47
홀스타인 • 46, 47
황조롱이 • 95
회색앵무새 • 20
휘묻이 • 121
흰등줄스컹크 • 124